JN438445

나무가 나무에게

김가배 수필집

나무가 나무에게

인쇄 2017년 9월 20일
발행 2017년 10월 02일

지은이 김가배
발행인 서정환
펴낸곳 수필과비평사
주소 서울시 종로구 삼일대로 32길 36(익선동 30-6 운현신화타워 빌딩) 305호
전화 (02) 3675-3885, (063) 275-4000·0484
팩스 (063) 274-3131
이메일 sina321@hanmail.net essay321@hanmail.net
출판등록 제300-2013-133호
인쇄·제본 신아출판사

저자와 협의, 인지는 생략합니다.
잘못된 책은 바꿔 드립니다.

ISBN 979-11-5933-117-6 03810
값 15,000원

이 도서의 국립중앙도서관 출판예정도서목록(CIP)은 서지정보유통지원시스템 홈페이지(http://seoji.nl.go.kr)와 국가자료공동목록시스템(http://www.nl.go.kr/kolisnet)에서 이용하실 수 있습니다.(CIP제어번호: CIP2017025106)

Printed in KOREA

나무가 나무에게

김가배 수필집

수필과비평사

■ 작가의 말

나에게 보내는 연서

나는 한 그루 나무이고 싶다.
기품 있고 넉넉한 모양새로 푸른 바람 소리를
탄주하는 상록의 나무이고 싶다.

이 작품들은 내가 가슴으로 기른 나무들이다.
남루한 내 삶의 독백이기도 하고 위안이기도 하다.
詩에서도 생활에서도 용해되지 못한
부질없는 감정의 알갱이들,
한데 모아 줄 세우고 보니 못나서 부끄럽다.

詩의 뒤안길에서 건져 올린 낙수초들이지만,
돌아서 다시 보니, 이 모두가
내 자신에게 다시 돌아오는 길,

내 꿈과 사랑이 뒹굴고 머물던 낮익은 길이었다.
스스로에게 보내는 해묵은 연서에 불과한,
절규도 침묵도 되지 못한 나의 언어들.
너무 철지난 것들도 많아 더욱 부끄럽다.

향방 없이 갈기를 세운 나의 나무들이
소란스러운 세상에 소음을 더하는 것은 아닌지
죄스러운 마음이기도 하다.

2017년 9월

김 가 배

| 차례 |

제2부 • 73

그리움이 거기 있었네

제3부 • 129

차를 마시며

제4부 • 199

비움의 미학

제1부

나무가 나무에게

나의 사랑 나의 나무
–설악의 숲에서

미시령 쪽의 여러 계곡과 외금강 줄기의 맨 끝자락인 화암사 계곡에서 시작한 설악의 가장 큰 물줄기는 크고 작은 산과 계곡의 물들을 끌어안고 그 넓고 아름다운 신평 벌을 옆으로 스치면서 물줄기가 거세지며 폭을 더해간다. 설악의 여러 절경 중에도 미시령 쪽 산세의 빼어남과 출중함이 이를 데 없지만 이곳을 지나는 시냇물 역시 그 물 빛깔의 맑고 수려함이 절로 탄성을 자아내게 하는 절경중의 하나다. 그 절경을 더욱 운치와 격을 높여주는 잘나고 멋스런 나무들이 있다.

곳곳에 우뚝우뚝 무리를 지어 서 있는 홍송들이다.

사람으로 치면 빼어난 미인일 터이다. 잣나무 숲 또한 그 빛깔의 강렬함이 빼어나고 서늘하다.

저마다의 맵시를 뽐내면서 가을 하늘을 받치고 서 있는 나무들의 자태! 잘난 조선 남정네의 기개와 그 풍모다. 그들은 또 우리에게 얼마나 많은 자양분을 주며 건강하고 신선한 공기로 정화해주고 있는가.

모양새로, 향기로, 건강의 요소로, 철저하게 사람에게 봉사하는 숲이야말로 이 지구상의 가장 높은 인류 최후의 구원자임에 틀림없다. 병든 지구를 소생케 할 수 있는 유일한 탈출구이리라.

그해 여름, 나는 많이 피폐해 있었다. 정신적으로나 경제적으로나 건강상으로나 바닥이 드러나도록 파탄이 난 상태였다. 비교적 풍요로운 삶을 살아왔던 내게, 그것은 충격을 넘어 감당할 길 없는 큰 파도 앞에 선 난파선이나 다름없었다.

내가 보증을 섰던 동생의 건설회사가 부도가 나고 그 후속타로 나의 재산은 경매에 붙여지거나 은행에 압류당한 상태로 수습할 길이 막연했다. 30년 넘게 내 가사일을 돌봐주시던 아주머니도 보내드려야 하는 참담한 상황이었다. 그 심한 충격에 악화된 디스크 수술은 병원 측의 말에 의하면 잘되었다고 하지만 나는 몸을 제대로 세울 수 없을 만치 몸도 마음도 만신창이가 되어 있었다. 그때 병원으로부터 권유받은 게 공기 좋은 곳으로의 피정이었다. 의사는 숲이 많고 고도가 조금 높은 강원도 쪽을 권유했다.

동생은 속초의 영랑호가 보이는 풍광 좋은 곳에 작은 아파트를 하나를 마련해 두고 있었다. 자신으로 인한 나의 추락이 퍽이나 염려가 되었는지 나의 식사문제는 물론 사업상 관계가 많던 고성군청이나 몇몇 지인들에게도 나를 부탁해 놓고 있었다.

"건강을 잃으면 모두를 잃는 거야."라는 윽박지르기 형의 경고는 일관된 우리 형제들의 주장이었다.

나는 처음에는 내 성격상 이곳에 마음 붙이지 못하고 그야말로 산 설고 물선 타지에서 친구를 사귀지도 못한 채 외로움에 안절부절못하다가 며칠 만에 짐을 싸들고 도로 서울로 올라갈 것 같은 불길한 예감이 들었었다. 한 달이고 두 달이고 회복될 때까지 무조건 눌러 있어야 한다는 의사의 경고의 말에 나 스스로도 불안했었다.

압류된 여러 부동산에 대한 은행권과의 조율도 그렇고 그 외의 내가 대표로 등재된 토목회사의 일 등 잡다한 서울의 일들을 팽개쳐두고 과연 내가 이곳에서 눌러 있을 수 있을까? 스스로도 의심이 갔다.

어떤 한정된 기한도 없이 내 의사와는 무관하게 무작정 떠밀리다시피 내려온 피난길이 아니던가.

그때, 나에게는 모든 것이 어불성설이었다.

절대로 부도는 없을 것이라며 안심하라는 동생의 확신과 원청原請의 말을 액면 그대로 믿다가 황망간에 당한 일이라 무엇을 어찌해야할지 확신이 서지 않던 생애 중 가장 힘든 시간들이었다.

집도 땅도 건물도 모두가 경매 직전의 어려운 상황이었다.

사업을 벌이고 비교적 탄탄대로의 성공가도만을 걸어왔던 나는 이 황당한 상황이 너무나 막막하고 두려웠다. 내가 견뎌야 할 이 참담한 상황이 내 일이 아니기만을 바랐다. 바보처럼…….

생과 사의 어떤 큰 결단이 필요할 만치 버티기 힘든 가장 우울한 시기였다.

그러나 이상한 일이었다. 내가 심한 기억상실증에 걸린 것은 아닐까?

이곳에 내려온 후, 나도 모르게 상황이 반전하고 있는 듯, 나 자신이나 가족들의 염려와는 달리 이곳 풍광에 젖어 하루하루 다르게 나 스스로 정을 붙여가고 있는 것이 아닌가. 미로처럼 얼키고 설킨 사업상의 문제들을 두고 이리 한가하게 이곳 풍광에 젖어 있단 말인가. 나 스스로도 참으로 괴이한 일이었다.

빼어난 대청의 어깨 아래 설악의 영봉들은 읍을 한 듯 높은 듯 낮은 듯 엎드려 있고 태평양을 건너온 웅혼한 동해바다가 일궈내는 빛과 소리가 뒤섞인 자연의 하모니는 지친 나를 차츰 차츰 매료시키기 시작했다. 눈을 들면 산이고 눈을 들면 숲이고 눈을 들면 바다였다.

겉으로는 계속 “아니요”를 되뇌면서도 이곳으로 내려오기를 잘했다는 자신감이 든 것은 내려온 지 한 달이 넘으면서였다. 나는 그 간에, 산과 숲, 바다와 계곡 등 이곳의 자연의 풍경들과 오래 된 친구처럼 유대가 깊어진 것이다.

사람이 건강을 유지하며 살아가는 데 가장 필요한 것은 물론 몸의 각 기관이 필요로 하는 각종의 영양소일 것이다. 그러러나 이에 못지않게 더욱 중요한 것이 산소라고 한다. 대기 중에는 질소대비 약 22%정도의 산소가 있어야 사람이 살기에 적합하다고 한다. 그러나 우리가 살고 있는 서울의 대기 중에는 이 필요량의 산소 절대치가 부족하다고 한다. 그러나 이곳 대기 중에는 그 필요 수치를 넘는 산소가 들어 있다니 이 얼마나 천혜의 땅인가. 수술을 담당했던 의사의 권유가 이런 산소 효과를 노린 것이었나 보다.

화암사로 오르는 길목에 나무 한 그루가 있다. 한 그루가 아니라 그만그만한 2,3십년 생 도토리나무 숲이 있다. 장 지오노의 소설 ≪나무를 심은 사람≫에 나오는 엘제아르 부피에! 그 나무 성자聖者가 정성들여 가꾼 프로방스의 도토리나무 숲을 연상케 하는 참나무 과의 나무들이 빽빽이 들어찬 아름다운 숲이다. 그곳에 상수리나무 한그루가 친구들과 떨어져서 약간의 거리를 유지한 채 우뚝하다. 발아래 넓적한 바위 하나를 거느리고 수형樹形마저도 둥글고 모난데 없이 넉넉하다. 나는 그 나무에게 첫눈에 반했다,

또 그가 발아래 거느린 으젓한 바위에게도 반해 나는 보자마자 나의 나무임을 그 나무에게 선언했다.

"너는 내 나무야 알았지! 우리 친구하며 잘 지내자."

첫사랑을 만난 듯, 나는 앞뒤 가릴 체통이나 염치도 없이 사랑을 고백 해버린 것이다.

나는 매일 산에 오를 때마다 이 나무를 쓰다듬으며 인사하는 것

이 하루의 첫 일과였다.

껄끄러운 표피를 끌어안고 나의 하루를 보고하는 것이다.

“이렇게 아팠고 이렇게 힘들었어! 어찌하면 좋을까?”

나의 나무는 나의 슬픈 고백을 들어주며 쏴아, 쏴아 응답으로 나를 위로해준다.

“너무 힘들어 하지 마! 모든 것은 다 지나가는 거야!

나무들은 잎을 흔들며 몸을 뒤채이며 열심히 나를 위로했다.

나는 그의 둥치에 몸을 기대고 서서 깊은 심호흡으로 그들의 위로를 깊이 받아들였다.

나의 나무에 기대어 눈을 들면 머지않은 곳에 근사한 소나무 숲이 보인다. 잘 자란 홍송들이 서로 자태를 뽐내며 군락을 이루고 있다. 바람이 불면 솔향기가 이곳으로 훅하고 스쳐간다.

세상의 향기 중에 소나무향기보다 높고 그윽한 게 또 있으랴!

세상의 나무 중에 조선 소나무처럼 근사한 나무가 또 있으랴!

모여 있어 아름다운 게 세상 숲 중의 으뜸이리라.

그리고 그 멋스런 모양새를 멀리서 바라보는 이 즐거움!

나를 염려하는 지인들은 도토리나무 숲 보다는 소나무 숲을 권유했다. 침엽수에서 발생하는 피톤치드의 양이 한참 더 많으니 소나무 아래가 더 건강에 좋다고 다그치지만 나는 늘 상수리나무 아래를 좋아했다.

엘제아르 부피에! 견디기 힘든 역경 속 에서도 묵묵히 나무를 심은 사람!

나무 성자聖者! 내가 아픈 사이 그 나무 성자가 이곳에 와서 도토리나무를 심고 간 건 아닐까 하는 철없는 상상이 좋아서였다. 그는 아내와 자식을 잃고서도 척박한 땅에 묵묵히 나무를 심지 않았던가!

나는 틈만 나면 책 한 권을 들고 이곳에 와서 적당한 곳에 차를 세워둔 채 책을 읽거나 하늘에 떠가는 흰 구름을 보면서 생각 없이 누워있는 이 한가롭고 평화로운 시간을 즐겼다. 바람이 불때마다 숲들은 소리 내어 나를 위로해 주었다.

빼어난 홍송들이 각자의 모양새대로 멋스럽게 들어 찬 소나무 숲을 스쳐가는 바람 소리, 작은 바위를 스치고 흘러가는 시냇물 소리. 멀리 동해바다가 몸을 뒤척이는 소리, 산과 바다가 이루어내는 청아하고 장엄한 심포니….

소나무 숲 우듬지를 스치고 온 바람 소리는 소리의 모양새도 매무새도 아름답고 서늘하다. 나는 숲들이 연주하는 풀빛 악기 소리에 신선이 된 듯 평화로워진다.

어느새 먹는 약의 숫자가 줄어들기 시작하고 허리통증이 많이 사라져 거동도 불편함 없이 회복되었다. 가끔 앞뒤 없이 차를 몰고 서울로 향하던 버릇도 줄어들기 시작했다.

한두 달로 예정했던 피정기간을 무시하고 나는 2년 동안을 그곳에서 내가 의지하고 사랑했던 숲과 밀월을 즐겼다. 그들은 나에게 건강을 선물로 주었고, 받는 것에만 익숙하던, 삶에 서툰 내게 그들은, 인내하며 기다리는 법도, 용서하는 법도 가르쳐 주었다.

숲! 저들은 존재 자체가 사랑이고 행복이 아닐까. 우리에게 무수한 산소를 공급해주고 멋스런 모양새로 향기로 시도 때도 가리지 않고 헌신봉사하고 있지 않은가!

그러면서도 그들은 우리에게 언제 자기들의 업적을 한마디나 말했던가!

내가 그들에게 의지하고 기대어 내 슬픔을 삭혀가는 동안에도 그들은 나에게, 누가 더 큰가, 누가 더 충실했던가, 누가 더 아름다운가 내세우거나 다투지 않았다. 그들은 서로 어깨를 다독이며 손잡고 뿌리내린 곳을 지키고 있을 뿐이었다.

바뀌는 계절마다 순연한 모습으로 옷을 갈아입으며 태어난 곳에서 누구도 원망하지 않고 세상을 지키며 묵묵히 자기들의 삶을 완성해가는 저들, 참으로 장하지 아니한가! 고맙지 아니한가….

미당은 나를 키운 건 8할이 바람이라 했지만 그 시절 나를 지켜준 건 순전히 이곳의 아름다운 숲이었다. 색과 모양새와 향기와 넉넉한 품으로 나를 품어준 나무들이었다. 등 기대고 서서 귀를 기울이면 둥치를 타고 올라가는 물관의 숨소리를 나에게 들려주던 따뜻하고 가슴 푸근한 나무들!

피폐하고 황막했던 나를 손잡아 지켜주고 품어준 나무들이었다.

나는 그들의 언어를 안다. 그들의 자음과 모음을 이해하고 알아들을 수 있다.

한없는 체온과 향기로 나를 품어 주고 지켜준 나의 연인,

나무들이 이뤄가는 세상! 숲은 이리도 무구하고 무궁한 성자

인 것이다.

그들의 한없는 커다란 사랑을 나는 결코 잊지 못할 것이다.

(2002)

바다의 편지

갈매기들이 부리에 물고 온 저 다홍색 옷자락!

저물녘의 바다는 눈물겹게 아름답다. 하루의 끝을 예감하고 얼굴을 붉히며 빗장을 걸어 잠그는 바다의 뒷모습! 한 삶을 마감하고 홀연히 입멸하는 슬픈 의식이 내재된 눈부신 아름다움이다.

세상의 모든 빛들이 모여 반짝이듯 바다는 황홀한 빛을 뿜어낸다.

저 광휘의 시간! 모든 목숨이 있는 것들의 하오는 저토록 빛나야 하는구나!

휘황하던 낙조가 지나간 저문 바다는 한없이 쓸쓸하다.

낡은 그물을 깁던 늙은 어부도 돌아가고 빈 선창엔 바람에 날리는 비닐조각 빈 페트병, 사람들이 남기고 간 속된 흔적들 위로 돌아가지 못한 갈매기들만 하늘을 선회한다.

새들이 그리는 포물선! 사위어가는 것들의 저 허허로운 뒷모습!

어두워가는 빈 백사장에 앉아 얼룩진 그의 편지를 읽는다.

바다가 보낸 편지! 안쓰런 사연들이 포말로 사라졌다가 돌아오고 밀려가다 다시 내 가슴으로 파도쳐 온다. 가슴 한가운데 물이랑을 만들며 떠가고 있는 푸른 글씨들!

이곳 속초에 피정 차 내려온 지도 어느새 일 년이 넘고 있다.

나를 아끼는 주변사람들은 이곳에서 아주 좋아질 때까지 눌러 있으라고 성화다.

“건강을 잃으면 모두를 잃는거야. 돈이 뭐 중요해, 먹고 살거 있잖아.” 가족들도 친구들도 이구동성으로 나를 몰아붙이고 있었다.

아침 운동을 하러 문을 열면 어김없이 걸려 있는 물고기 두 마리

참 이상한 일이었다.

내가 묵고 있는 작은 아파트 문고리에 아침이면 어김없이 물 좋은 생선봉지가 걸려있는 것이다.

오징어나 생태, 작은 놀래미 또는 동해바다에서만 나온다는 값비싼 털게나 가리비같은 조개들도 들어 있었다. 갓 잡아온 듯 물좋은 생선이 어름과 함께 푸른색 비닐봉지에 들어 있는게 아닌가. 처음에는 잘못 배달된 것인 줄 알고 옆집이나 이웃집의 문을 두드

려 확인했으나 전연 아니었다. 밭에서 갓 뽑아낸 상추며 쑥갓이 동봉되어 있기도 했다.

하루 이틀도 아니고 계속되니 고맙기 이전에 궁금증이 더해 갔다.

누구일까? 영 기분이 개운치가 못했다.

"받기만 하는 게 민망합니다. 더 이상 놓고 가지 마세요."

문에 써 붙였으나 그대로 계속되었다.

동해의 삼포해수욕장은 동해안의 많은 해수욕장 중에서도 수심이 낮기로 유명하다. 한참을 걸어나가도 허리 높이일 때가 많다. S콘도의 로비라운지가 둥글게 바다의 콧등까지 나와 있는 그곳은 동해바다를 바라보기가 안성맞춤이다.

드넓은 바다와 바로 마주앉은 느낌이 든다.

거센 파도를 몰고 와 사정없이 눈앞에 퍼붓고 가는 푸른 피가 끓는 바다!

그 젊은 바다를 만나고 싶을 때, 나는 이곳을 찾는다. 멀리 태평양의 푸르고 넓은 바다가 싱싱한 얼굴로 내 코앞에까지 와서 넘실거린다. 숨이 멎을 듯 벅찬 감동이 나를 살아있게 한다.

동해바다는 태평양의 웅혼함과 푸른 기개가 있다. 색깔이며 모습이며 대양을 스쳐온 잘난 사내의 풍모와 위엄이 있다. 초원을 달리는 말갈기 같은 푸르고 흰 파도를 가슴가득 안고 오는 동해의 젊고 건강한 저 눈부신 몸짓!, 바다를 바라보다 물빛에 취한 나는 거침없이 맨발로 백사장으로 내려온다. 이심전심 덩달아 취한 바다가 내 앞에 사정없이 몸을 던진다. 피할 겨를도 없이 치맛자락이 물에 젖고 그렇게 쫓고 쫓기고를 거듭한다, 어느 시인의 시구처럼 술은 내가 마셨는데 취하기는 바다가 취했나 보다. 사람들이 떠나간 빈 백사장에 나는 지쳐 널브러지듯 주저앉는다. 바다는 쉬임없이 은빛 파도를 몰고 오고 지친 나도 망연히 파도가 돌아가는 뒷모습을 쫓는다. 바다는 뒷모습도 아름답구나! 하얀 양떼들을 몰고 가는 저 당당한 뒷모습! 나는 언제쯤 몸도 마음도 건강한 저런 당당한 발걸음일 수 있을까. 은빛 파도가 맨발을 간지럽힌다. 붉게 칠한 패티큐어가 물속에서 보석인 양 빛난다.

그러던 어느 순간 나는 나를 향해 열려 있는 낯선 카메라의 앵글을 느꼈다. 내 행동을 카메라에 담고 있는 듯했다. 나는 무슨 나쁜 짓을 저지르다 들킨 아이처럼 낭패한 표정으로 그를 바라보았다. 아이도 아닌 주름살 늘어가는 중년의 여인이 맨발로 바다와 장난질하는 그 철없는 장면을 들켜버리다니…. 창피하고 부끄런 마음이 파도가 된다.

"물속 발이 너무 아름다우셔서요." 그는 웃고 있었다. "천진한 아이같은 모습도 바다와 너무 잘 어울리시고요." 어이없는 대답이었다. 칭찬인지 한심하다는 뜻인지 분간이 안 된다. 나는 한참 동안 말도 하지 못한 채 난감한 표정으로 그를 바라보고 있었다. 내 떨떠름한 표정에 그도 당황을 했는지 카메라를 접고 나에게로 다가왔다. 나는 그가 주워온 물에 젖은 샌들을 받아들고 어이없이 웃을 수밖에 없었다. 우리는 그렇게 어쩡쩡하게

라운지의 테이블에 마주 앉았다.

"계신 곳을 알려주시면 오늘 사진을 보내드리겠습니다."

그렇게 그와 나는 만났다. 바다가 만들어 준 바닷빛 인연의 날개, 취미로 사진을 찍는다고 했다. 설악에 피는 야생화로 화집을 내고 싶다고 했다. 울산바위를 얘기하는 그의 언어는 갓 건져 올린 미역줄기처럼 싱싱하다.

울산바위, 속초에서는 어디서 바라봐도 그 잘나고 멋진 바위가 보인다. 금방 하늘을 향해 솟아오를 듯 사뭇 남성적인 근육질로 단단히 뭉친 높은 기상의 빼어난 바위 ! 금강산을 만드느라 세상의 잘난 바위들을 불러 모을 때 울산에서 제일 잘난 바위를 가져가던 신선이 이곳 속초에서 잠간 쉬는 사이 금강산 일만이천봉은 이미 완성이 되었다고 했다. 울산바위의 전설을 얘기하며, 그는 속초 아바이 마을 가는 길 한편에 작은 농장이 달린 작업실을 갖고 있다고 했다. "건강이 안 좋은 아내를 위해 장만했는데……." 그는 말끝을 흐렸다.

다음날 그는 정확한 시간에 약속장소에 나와 있었다.

우리는 동해의 구석구석 작은 어항들을 뒤지고 다녔다. 작은 고깃배에 삶의 터전을 건 바닷사람들의 해풍같은 싱싱한 얼굴들울 만났다. 태평양을 스쳐온 잘난 파도의 푸른 갈기를 보며 해안도로를 오르내렸다.

카메라의 앵글을 따라 길가의 야생화를 담고 비선대를 오르고 울산바위를 올랐다. 바다가 만들어준 날개가 파도를 넘고 산맥을 넘었다.

그가 손수 만들었다는 도시락은 나를 더욱 만족시켰다. 도시락을 꺼내면서 얼핏 보인 푸른색 비닐봉지들! 나는 뒤통수를 한 대 얻어맞은 듯 비명을 지를 뻔했다

"아! 이 사람이었구나!" 허기진 눈으로 그를 바라보는 내 당혹함에 그가 더 놀랐다.

"아! 그거요? 찬거리를 사러 새벽시장을 옵니다.

새벽바다를 좋아해서 매일 거르지 않습니다. 오는 길에 들른 것뿐인데……."

날개를 가진 우리들의 비상은 바다의 물빛보다 더 싱그러웠다.

이집트를 얘기하고 티벳을 얘기했다. 조르바를 얘기하고 반고흐를 얘기하고 체 게바라를, 로댕의 여자를, 프리다 칼로를, 레이첼 카슨이나 에밀리 디킨슨을, 그가 찍는 야생화를……. 파도처럼 잔잔히, 어느 땐 파도처럼 거세게 큰소리로 떠들었다.

사랑에 대해서, 사랑의 상처에 대해서, 죽음에 대해서, 신에 대해서, 우리들의 자존에 대해서 끝없는 얘기들을 나눴다. 바람과 파도가 슬그머니 다가와 우리들의 난상토론에 합세하기도 했다.

우리는 기꺼이 그들과 합류하기를 즐겼다.

설악의 영봉들보다 더 아름다운 드넓은 신평벌에 억새가 피기 시작 할 무렵, 그는 서울로 갔다. 치료차 미국의 친정에 가 있던 아내가 지병이 더 악화되어 돌아온다고 했다.

그가 떠나가고 보내오는 편지는 동해바다의 잔 물결 만큼이나

안쓰러웠다.

그의 아픈 사연들이 가슴 한가운데 물고랑을 낸다. 그때 우리는 왜 이별에 대해서 말하지 않았었을까. 서로가 두려워 건드리고 싶지 않은 것은 아니었을까.

새벽바다를 좋아한다던 그 남자! 그가 보낸 진홍빛 사연들을 모래톱에 묻는다.

모래 속에 묻힌 푸른 글씨들이 물결에 잦아들어 훗날 내가 다시 이곳에 왔을 때, 그리웠다고 사랑했다고, 바닷빛 그리움의 얼굴로 말해줄 수 있을까.

안녕! 푸르고 아름답던 나의 날개여!

돌아가지 못한 갈매기 한 마리 하늘에 원을 그리고 파도가 저만큼 야윈 뒷모습을 보인 채 쓸쓸히 떠나가고 있다.

(2003)

찌질이들의 세상

요즘 TV를 보면 재미있는 광고가 눈에 띈다.

하라는 공부 안 하고 딴 짓 하기를 좋아하는 좀은 별난 아이의 적성을 찾아 주는 교육을 권면하는 내용이다. 그 애가 나중에 에디슨이 되거나 노벨상을 탈 아이일지도 모른다는 재미있는 미래지향적 광고다.

누가 그런 발상을 했을까.

개성대로 살아가는 세상이고 보니 그런 광고가 나왔겠다 싶기도 하지만 누군가 마음이 참 따뜻한 사람일 것 같다. 주어진 환경에 제대로 적응하지 못하고 겉도는 찌질이들을 위한 배려가 아니었을까.

볼 때마다 나도 모르게 입가에 미소가 번진다.

우리가 너무 성급하게 경제적인 성장을 하면서 소외된 계층을 미처 돌아보지 못했던 우를 이제 와서 되돌아보는 아량을 가지자는 의미이기도 하리라.

구글(Google)이 2011년 2월부터 뉴욕 현대미술관, 파리 루브르나 오르세 미술관 대만의 고궁 등 세계 각 유수 미술관의 대표 소장품들을 고해상도 카메라로 촬영해 인터넷 사이트(www.google artproject.com)에서 볼 수 있는 특별한 서비스를 제공했다.

그러니까 안방에 앉아서 세계 각 유명미술관의 소장품들을 붓터치 수준까지 확대해서 감상할 수 있는 특별한 프로그램이었다. 사실 여행 중에 찾은 유명미술관은 조명도도 그렇고 밀려드는 많은 관람객 때문에 제대로 작품을 감상하기란 쉽지 않은 노릇인데 미술애호가들을 위해 이 얼마나 멋진 프로그램인가.

이 구글아트 프로젝트의 2년 반의 데이터를 분석한 결과 세계인에게 가장 많은 사랑 받은 그림 1위로 빈센트 반 고흐의 <별이 빛나는 밤>이 선정되었다고 한다.

모두 열 개의 작품을 뽑았는데 그중에 고흐의 <별이 빛나는 밤>이 단연 우세했고. 더욱 고흐만이 상위 열 개중 4개를 차지했다 하니 고흐의 작품을 사랑하는 이들이 전 세계에 그만큼 많다는 뜻이리라.

10점 중 넷이 반 고흐의 그림, 절반이 19세기 인상파 작품이다. 올 상반기 가장 많이 검색된 예술가에서도 반 고흐는 단연 1위였다.

<별이 빛나는 밤>은 고갱과의 불화로 한쪽 귀를 자른 뒤 주민들에게 추방되다시피 해 입원해 있던 생 레미의 정신병원에서 사망

하기 한 해 전에 그린 걸작으로 고흐 특유의 거친 붓 터치로 우주적 교감을 자아내는 밤 풍경화다.

동서양을 막론한 대다수의 사람들이 가장 애호하고 선호했던 미술가 고흐!

세기를 넘어서 여러 장르, 여러 단체, 여러 개인이 그의 그림을 좋아하고 인용하고 흉내 낸 것은 그의 작품세계를 가장 크게 공감하고 사랑했기 때문이리라.

고금을 통하여 우리가 가장 선호하고 사랑하는 예술가가 우리가 경이와 찬탄의 눈으로 바라보는 위대한 예술가인 다빈치나 미켈란젤로 같은 천재가 아니라 지금의 우리 모습과 다름없이 좌절과 시행착오를 거듭하던 찌질이 고흐였던 것이다.

생전에 그림 한 점 팔지 못하고 오직 동생 테오한테만 의지했던 찌찔이 고흐, 식비를 아끼기 위해 딱딱하게 굳은 빵을 씹어야 했고 모델을 살 돈이 없어 자기 얼굴을 그려야 했던 가여운 고흐! 귀를 자른 후 동네에서 추방되다 싶이 정신병원으로 끌려간 가여운 청년 고흐, 끝내 자기 머리에 스스로 방아쇠를 당겨야했던 못난이 고흐.

그의 머릿속엔 별이 빛나는 밤과 같은 환상과 장엄함과 후련함이 늘 그를 붙들고 있었으리라. 소통되지 못하는 세상과의 관계에서 가슴에 타오르는 불길을 오직 그림으로만 표출할 수 있었던 찌질이! 얼마나 많이 고독하고 얼마나 많이 괴로웠을까.

단절된 세상과의 따뜻한 해후를 얼마나 열망했었을까.

불을 뿜는 해바라기들이 미친 듯 화폭을 채우고 그래도 다 못 한 열정이 화폭을 뛰쳐나와 갈까마귀처럼 하늘을 선회하고 있었으리라.

우리는 그의 포효를 듣지 못하고 그런 세기적 천재를 헌신짝처럼 방치했던 것이다. 당연히 대우 받고 사랑받아야 할 천재가 남불 아를의 허름한 셋집에서 홀로 처절히 영육을 앓고 있었던 것이다.

한번 행복하지도 풍요롭지도 못해보고 그 짧은 생애를 오직 물감과 캔버스에 시선을 준 채 몸부림을 쳤으리라. 값싼 사과주를 들이켜며 미친 듯 휘두른 화폭의 밤 풍경은 그의 열정과 회한과 욕망이 얼크러져 회오리를 친다. 그 푸른빛의 회오리는 밤 열기를 타고 우주 밖으로 흘러가듯 거침이 없다. 거침없이 흘러가 우주의 어느 별에 위대한 그의 왕국을 세울 것 만 같이 장엄하다. 누가 그의 보무도 당당한 발걸음을 막을 수 있으랴!

그가 그린 그림에서는 언제나 꿈틀거리는 생명의 의지가 분출한다. 그가 그린 붓꽃들도 해바라기들도 들판 밭가에 늘어선 사이프러스 나무들도 열정으로 화폭이 터질듯하다.

오직 캔버스 안에서만 자유로울 수 있었던 그의 세상, 그의 아픔과 고독이 분출된 광기는 실은 신을 만나기 위한 전위행위였는지도 모른다.

화가이면서 사제이신 조광호 신부님은 그의 단상에서 "예술은 진리의 드러냄을 위해 초월자이신 신이 자기의 세상을 은밀히 열어 보이는 지혜롭고 놀라운 초대"라고 했다. 즉 자기의 완벽한 세상을 잠깐 보여주는 경이의 세계라고 고백했다. "빛남과 떨림과 설렘으로 인간내면에 하늘의 햇살이 임재하는 신의 숨결이다."라고 했다. '그러므로 뜨거운 신의 숨결에 점지된 작가는 신이 내려준 소명의 살풀이를 죽을 때까지 해야 하는 사제요 예언자'라고 했다. 신이 그에게 자기의 세계를 잠시 열어 보여주었던 것이다.

그렇다면 고흐는 자주 신들과 대화를 하고 있었던 것이리라. 신이 너무나 그와 그의 재주를 사랑하여 인간들과의 소통을 단절시키고 신과의 교제가 허락된 신의 세계에 자주 초대됐던 건 아닐까. 그리하여 신의 세계에서 보고 온 놀라운 세계를 불같이 뜨겁게 표출했던 건 아니었을까.

그의 그림, <별이 빛나는 밤>을 바라보고 있노라면 작은 환상에 빠져 금방 행복해진다. 푸른 기류들이 둥글게 겹치고 눙치고 뭉쳐서 돌아가는 가운데 내가 서 있는 듯, 그래서 저 아름답고 신비로운 별들의 세계로 돌입하고 있는 듯하다. 그의 거친 붓질이 이뤄내는 후련함, 장엄함, 그의 청색이 가져오는 환상과 우주적 교감이 우리를 설레게 하고 행복하게 한다. 어느새 아주 즐겁고 신비한 모험을 즐기는 환상의 주인공이 된다.

온 세계의 많은 사람들이 그의 그림을 좋아했듯 나 역시 고흐의 그림을 사랑한다. 그가 그린 붓꽃을 좋아하고 해바라기꽃을 좋아한다. 내 컴퓨터 내 홈의 '내 그림' 난에는 여기저기서 퍼다 나른 고흐의 그림들이 여기가 고흐의 미술관인 양 펼쳐져 있고 내 집 거실 벽면에는 그가 그린 붓꽃이 가장 넓은 벽면을 차지하고 있다. 물론 모사 사진이지만…….

나는 그에게 작은 목소리로 나긋나긋하게 말해주고 싶다.

"찌질이 그림쟁이 고흐여! 별빛이 참 아름다운 밤입니다.

당신의 밤의 카페 테라스*에 앉아 쏟아져 내릴 것 같은 하늘의 별을 바라보며 당신을 생각합니다. 당신의 영혼이 깃든 저 별빛과 사이프러스 나무 우듬지에 이는 바람과 밀밭 위를 나는 갈까마귀들이 설레는 저 풍요로운 가을 들판 위를 나는 당신과 손잡고 걷고 싶습니다.

당신의 생애에 대해서, 그림에 대해서, 고독에 대해서 얘기하고 싶습니다.

짧았던 온 생애를 통하여 단절된 세상과 얼마나 화해하고 싶어 했는지도 알 것 같습니다. 소통되지 못하는 영혼의 광기로 당신이 얼마나 고통스러웠는지 그리고 얼마나 자유로워지려 노력했는지…. 고흐여! 하늘의 별들이 가장 아름다운 빛으로 치장을 하고 나와서 당신을 영접하는 밤입니다. 이제 당신은 왕이십니다. 세상의 많은 눈동자들이 선망의 눈으로 당신을 바라보고 있습니다. 팔렛트에 당신이 좋아하는 물감을 칠하세요. 언덕 위의 나무들과 가을이 익어가는 들판과 풍성하던 밀밭과 수선화를 그리세요.

밤의 미풍과 겨울의 찬 공기도 화폭에 담으세요.

당신의 마음처럼 무구한 흰 캔버스 위에 빛나는 별을 그리세요. 이글거리는 꽃들이 불꽃같이 타오릅니다. 나는 지금 당신의 불타는 해바라기 꽃밭을 지나고 있습니다."

별과 바람이 아름다운 밤, 못나고 이즈러진 당신의 초상이 빈 벽에 걸려 있습니다. 틀도 없이 이름도 없이 이방인처럼 누추한 옷을 입은 털투성이 모난 얼굴의 무표정한 당신.

상처받은 벗은 나무의 은빛 가지, 달랑 나무침대 하나와 의자 몇 개가 전부이던 당신의 초라한 침실. 그곳에서 외로움과 고투하며 서럽게 무르익은 당신의 꿈은 세상을 무지개빛으로 아름답게 색칠해가고 있습니다. 우리들의 연인 고흐여! 이제 그 억압된 틀 속을 걸어 나오세요. 걸어 나와서 당신의 춥고 우울했던 영혼의 흔적들이 얼마나 많은 찬사와 얼마나 많은 위무와 댓가를 받고 있는지 눈을 뜨고 바라보세요. 저 환호의 소리들을 들어보세요.

강렬한 색과 넘치는 붓끝으로 내적 생명력을 표출한 당신의 별밤에서 모두가 강물처럼 흐르듯 세월도 흐르고 세상도 흘러서 이 세상은 그런대로 찌질한 우리도 당신을 그리워하며 살아가고 있습니다.

강한 텃치의 색과 선, 자유분방한 구도 속에서 우리는 많은 충만을 느끼며 행복해집니다.

아프고 안쓰러운 마음으로 다시 당신을 얼굴을 바라봅니다.

지금은 당신이 아름답고 우아한 은빛 날개를 달고 짙은 청색하늘을 훨훨 날아서 우주를 자유롭게 유영하고 계시리라는 걸 나는 믿습니다.

이제 내 영혼의 식탁에 향기로운 와인을 앞에 놓고 당신과 마주 앉아 저 무한한 하늘의 별들을 바라보며 애기하고 싶습니다.

당신의 생애는 절대 찌질하지 않았음을 재삼 보고드립니다.
안녕! 나의 연인 찌질이 고흐여! 우리 모두 그대를 사랑합니다.

* 밤의 테라스: 고흐의 그림 제목

(2013. 10.)

거시기 머시기

시인 몇몇이 둘러앉아 관내 학생백일장 작품 심사를 하고 있었다.

응모편수가 많아 반가웠지만 학생들 작품이라 수준이 고만고만해서 우열을 가리기가 쉽지 않았다. 인문학의 위기를 우리 문인들 스스로가 말해야 하는 이 메마른 시대, 그래도 문학지망생들이 많다는 건 우리에겐 퍽이나 위안이 아닐 수 없다.

깨알같은 글씨들을 들여다보다 피곤한 눈을 쉴 겸 커피타임을 갖기로 했다.

한담이 시작되자마자 B 시인이 A 시인의 작품의 난해함을 들고 나왔다. 이때다 싶게 이구동성으로 A 시인의 작품에 대한 갑론을박이 끝내는 성토로 이어지고 있었다. 문인들의 화제로 타인의 작품을 칼질하는 것은 다반사지만 처음부터 칼질의 강도가 각도를 세우며 만만치 않게 톤이 높아지고 있었다. 이구동성으로 합세하다보니 스스로도 놀랄만치 의도적인 개인적인 감정이 더 실려 있는 듯하다. 아마도 A 시인 작품의 낯설게 하기나 난해함보다는 평소의 A 시인의 모난 성격이나 튀는 행동을 성토하고 싶음 때문이었던 듯 싶다 . 늘 자기만 완벽한 체하는 그의 둥글지 못한 성격이 문우들 사이에서도 좋지 않게 인식되었기 때문이었을 것이다. 웬수는 외나무다리에서 만난다던가 바로 그때, 생각지도 않게 A 시인이 문을 밀고 들어왔다. 그는 옆방에서 초등부 심사를 맡고 있었는데 무언가 필기도구를 찾으러온 품새다. 우리들은 무슨 못된 음모를 꾸미려다 들킨 아이들처럼 서로의 눈치를 보며 어정쩡한 표정으로 그를 맞았다. 그러나 문을 등 뒤로 앉아 있던 C 시인은 영문을 모른 채 계속 성토를 이어가고 있는 게 아닌가.

"낯설게 한다고 그렇게 껑충대면 독자가 따라오지 못해서 감동이 없다 이 말이야. 내 말은…. 비약이 심해도 정도껏이지…. 문학은 감동이 필요해 감동이……." 성토의 장본인은 방안에 들어와 있고 C 시인은 성토를 멎을 줄을 모르고……. 난처한 B 시인은 "저 거시기…, 저 거시기……, 우물거리며 말끝을 흐리다가." "우리 지금 자기 작품 얘기하고 있었어." 어색하게 변명을 늘어놓았다. 그제서야 상황을 눈치 챈 C 시인은 얼굴에 갈지자 주름을 지으며 어정쩡하게 입을 다물었다 "아, 그러셨군요."

발끈할 줄 알았던 A 시인은 대수롭지 않게 대꾸하고 스카치테이프를 찾아들고 휑하니 나가버렸다. 우리 넷은 한숨을 내쉬며 혀를 내민 채 민망한 웃음을 웃어야 했다.

"저 거시기 저 거시기가 우릴 살렸군. 하필이면 그때 들어올 게 뭐람?"

C 시인은 자기만 유독 민망한 듯 궁시렁거렸다.

충청도 시골에서 자란 나는 거시기라는 말을 많이 듣고 자랐다

농사일을 하던 일꾼들은 그 말을 특히 많이 쓰는 것 같았다

어휘수가 모자란 탓도 있겠지만 굳이 그 상황에 딱 맞는 어휘를 찾기보다 거시기로 얼버무려도 이내 상통하는 소통의 어법을 알고 있기 때문인 것 같았다.

농사일에 대하여 아버님께 보고할 때마다 "저 거시기로…." 시작하는 일이 예사였다.

"저-거시기 산판 나무 심는 일은 대충 거시기 했는데유. 너무 가물어서 그게 좀 거시기 하구만유." 산에 나무 심는 일이 대충 다 끝났는데 염천이라 가물까봐 걱정이라는 보고다. 여기서 거시기가 의미하는 말 '나무 심기를 끝냈다'는 말과 비가 오지 않아서 심은 나무들이 '걱정'이라는 말은 들어있지 않지만 아버님은 그 말의 의미를 이미 잘 이해하고 계신다.

이렇듯 유용하게 이렇듯 재미있게 쓰이는 거시기, 이 엉뚱하고도 애매모호한 말을 나는 좋아한다. 특히 충청도나 전라도 쪽 사람들은 거시기라는 말로 소통하기를 좋아하는 듯하다.

굳이 상황이나 이름을 정확히 표현하지 않아도 웬만한 일은 '저 거시기'로 서로가 넉넉히 상통하고도 남는다. "저, 머시기가 거시기 해서 뭐 거시기 혔어! " 이때의 거시기는 상황에 따라 그 값과 의미를 달리한다. 얼마나 흥미롭고 매력적인 말인가.

굳이 세세히 설명하거나 나열하지 않아도 우리는 거시기에 실리는 화자의 깊은 뜻을 금세 알아차린다. 그것도 화자가 전하려는 의도 이상으로 넘치게 알아차린다. 고금의 어느 나라 어느 민족에게 이처럼 편하고 재미있고 재치 있는 언어가 존재한단 말인가.

명사로도 동사로도 형용사로도 어느 땐 감탄사로도 또 한 문장으로도 한 상황을 묘사한 하나의 구나 절로도 자연스럽고 넉넉히 통용될 수 있는 이 묘한 뉘앙스의 재미있는 우리 말, 이도저도 아니면서도 모두를 뭉뚱그려 통용할 수 있는 재치 있는 이 말은 또한 쓰임새가 무궁무진하다.

정확하게 표현하기 거북할 때, 긴가민가하여 자신이 서지 않을 때, 이 말은 참으로 유용하고 적절하게 우리의 속마음을 전해준다. 거시기는 아니지만 비슷한 비속어로 어느 시인은 ㅈ자가 들어가는 X라는 단음절의 이 말이 가지고 있는 무한한 힘과 가능성을 좋아해서 즐겨 쓴다고 했다. 남들은 남성의 심볼을 상징하는 그 말이 남살스럽고 외설적이라고 얼굴을 붉히지만 그 시인은 당당하게 말했다. 어느 민족 어느 언어가 단순한 한음절의 이 말에 내포된 무한한 가능성을 가질 수 있는가에 대해서 역설하고 있었다. 터질 듯한 울분도 단 한마디로 너끈히 날려버리는 이 말의 무한한 자유와 호쾌함. 나는 그의 X자 예찬론을 읽고 아! 그럴 수도 있는 호쾌한 말이었구나. 후련한 공감을 한 일이 있다. 우리말만이 가지고 있는 여유와 해학이 아닐까.

시인 몇몇이서 노벨문학상을 얘기하다가 번역문학 쪽으로 화제가 옮겨지고 있었다.

이문구의 소설을 번역하면 어떻게 달라질 수 있을까가 화제였다.

능청스럽고 의뭉스러우면서 그러면서도 단호한 충청도 사투리가 주는 그 어감의 감칠맛을 어찌 어느 정도나 표현할 수 있을까. 익살스럽고 질펀한 그의 작품 속 방언 중에도 저 거시기나 머시기를 어찌 옮길 수 있단 말인가. 어느 고급한 언어의 수준으로도 도저히 흉내내지 못하고 근접하지도 못할 높고 넓고 깊은 언어의 수미산임에 틀림없다.

<거시기>의 사전적 의미를 찾아보면 인칭대명사로(지시대명사) 말하는 중에 사람이나 사물의 이름이 얼른 생각나지 않을 때 그 이름 대신 쓰이는 군말>이라고 나와 있다.

그렇다. 생각나지 않을 때, 더는 말하기 거북할 때, 굳이 말하기 싫을 때 이 말은 우리 속내를 잘도 대변해준다. 언어가 소통을 위한 도구일진대 이만한 위트와 이만한 쓰임새의 함량을 가진 어휘가 세상에 또 있을까.

금세기 세계에는 6천여 종의 언어가 남아 있다고 한다. 그 가운데 세계대표공식어 15개 가운데 한국어가 들어가 있다. 사용인구 순위로는 12위고 세계의 영향력 있는 언어의 순위로는 8위라고 한다. 우리가 후진국을 벗어나 IT 강국으로 우뚝 설 수 있던 것도 우리말과 우리글의 우수성 때문이 아니던가. 문화민족으로 크게 자부할 수 있는 대목이기도 하리라.

자로 잰 듯, 칼로 벤 듯, 정확한 어휘나 정확한 문장이 주는 절도와 단호함도 좋지만 살다보면 이럭저럭 통용될 수 있는 이 말의 여유로움을, 장강 같은 그 폭의 넓고 푸근함을 나는 좋아한다.

다난했던 올해도 다 가고 있다. 연평도 사건에 이은 천안함 사건, 그 꽃 같은 젊음들이 동족이 쏜 포탄에 눈을 감아야 했던 이 한심하고 어이없는 현실, 그 슬픔이 채 가시지도 않은 오늘 여야는 4대강 사업의 공방으로 여일이 없다.

국회에서 2011년 새해 예산안이 담당자들도 모르는 곳이 있는 채로 여당 단독으로 날치기 통과 되었다고 TV뉴스는 입에 거품을 물고 있다. 참 속상하고 한심하다.

머시기하고 참 거시기한 요즘 세상이다.

다사다난했던 2010년도 며칠 남지 않았다. 송구영신해야겠다.

(2010. 12.. 11.)

백담사에서 띄우는 편지

맑은 유리그릇 같은 백 개의 담에서 쏟아지는 백 갈래의 물길이 너무 맑아서 가슴이 에입니다.

겨우내 얼어붙었던 층층의 물기둥들이 흰빛 깃털을 털며 기지개를 켜는 백 개의 소와 높고 낮은 물길이 만들어내는 백 개의 길, 스스로 몸을 씻은 물들이 가는 길은 묵은 먼지를 털어내는 청량한 소리와 수백, 수천, 수만의 수목들이 내뿜는 이 푸른 숨결들을 따라 절에 오르느라면 내 가슴에도 어느덧 막혔던 물길이 트이고 싱그런 새순이 돋는 것 같습니다. 물들은 소용돌이쳐 여울을 만들며 다시 오지 않을 생애의 한 굽이를 돌아가고 있습니다.

아름다운 백담의 물길이 얼어붙었던 이 깊은 계곡에도 이렇듯 봄이 오고 있습니다. 아랫동네에서는 이미 봄이 왔다고 야단이라지만 여기 산골짝에는 물길만 먼저 길을 텄을 뿐, 봄은 아직입니다. 백담사 전각 사이 햇볕 유난한 곳에 개나리가 햇병아리 날개 같은 노란 꽃을 피워 올렸지만 키 큰 나무들의 우듬지엔 아직도 봄이 닿지 못했습니다.

눈 덮인 설악의 준봉들, 특히 내설악의 거친 바윗길을 넘어 오노라면 봄도 힘들고 피곤하여 쉬엄쉬엄 오고 있겠지요. 그렇게 서서히 잔설 속을 나와 천천히 천천히 山 사람들의 가슴으로 녹아들어 봄의 꽃길이 열리고 있습니다.

산과 숲이 아직 새벽잠에 들어있는 이른 아침 만해스님이 머무셨던 창연한 절의 경내를 돌며 그 어른의 시 <님의 침묵>이 새겨진 시비를 몇 바퀴나 돌아보는 게 요즈음의 제 아침 일과의 시작입니다.

밤 숲 그늘이 바람으로 내려와 빗질을 해놓은 절 마당은 손금처럼 가지런하게 정돈되어 있습니다. 내 어찌 그분의 높으신 뜻을 헤일 수 있겠습니까만 이렇듯 멀리서 그분의 숨결을, 그 어른의 향기를 내 옷자락에 남 몰래 묻혀보는 이 영광도 저에게는 큰 호사입니다. 그분을 기리기 위해 마련한 기념관 안으로 들어가면 만해선사의 크신 족적들이 일목요연하게 정리되어 있습니다. 그 어른께서 잠시나마 기거하던 이곳에서 그분의 체취를 이렇듯 가까이에서 느낄 수 있다는 게 우리들에게는 얼마나 의미있고 행복한 영광인지요. 어느 땐 그분의 헛기침소리를 듣는 듯 소스라쳐 깰 때가 있습니다.

높고 크신 뜻을 이루기 위해 얼마나 많은 밤을 저 물소리 속에 물의 울음소리로 흘려 보내셨을까요. 얼마나 많은 그리움을 저

숲속에 묻어두고 이곳을 떠나가셨을까요. 이곳 숲을 스치는 바람 소리가 더 없이 서늘하고 숲들이 더욱 푸르른 것도 그분의 크신 그리움이 나뭇가지와 둥치까지 스며들어 그 자양분으로 잎을 피웠기 때문이 아닐까요. 우리 민족의 영원한 임! 만해대선사! 그분께서 떠나보낸 그 높고 푸른 소리들이 지금 저 동해의 물빛을 저리도 푸르게 하지 않았을까요. 저 잘난 설악의 봉우리들과 이곳을 지키고 있는 키 크고 잘난 나무들은 알고 있을 것입니다.

활엽수와 상록수가 뒤엉킨 뒷산 숲 사이를 불어서 오는 바람의 빛갈은 청록빛입니다.

우둠지에 아직도 잔설을 이고 있는 소나무 숲은 정녕 조선의 잘난 남정의 모습니다. 저들의 기개와 저들의 우뚝함이 나라와 민족을 지켜내고 이 산과 절을 지키고 저들의 푸른 함성이 나를 흔들어 살아있게 합니다.

역경원에서 불경의 한글화를 위해 평생을 헌신하신 석주스님께서 친히 친필로 쓰신 <萬海 記念館>의 현액도 저에게는 참으로 귀중한 보물입니다.

석주 큰스님에게서 法界花라는 법명을 하사받은 지가 십 년이 훨씬 지나도록 외람되게도 저는 불자의 길을 멀리한 채 절 주위를 맴돌고 있을 뿐입니다. 마음 원하는 대로 살아가기란 저 백담을 흐르는 물들이 이곳을 떠나 다시 이곳으로 돌아오는 것처럼이나 어려운 듯 싶습니다.

절 아래 용대리에 큰스님이 마련해놓은 만해마을을 조금만 내려

가면 산자락에 돋아난 햇나물들이 고개를 내밀고 사납던 황소바람도 이제 좀 누그러졌을 것입니다.

나는 그곳에서 하룻밤을 유할 때마다 창 옆을 흘러가는 시냇물 소리에 반해서 잠을 놓치곤 합니다. 큰방에는 큰스님께서 계시고 나는 큰스님의 그림자를 먼 발치에 훔쳐 밟으며 산길을 걷습니다. 아직 동절기의 흰 옷을 벗어버리지 못한 산 정상에서 불어오는 바람이 날을 세우고 우리들을 채근하고 있습니다.

산사의 저녁공양은 일찍 시작됩니다. 나는 오늘 저녁 공양 후 정적이 깃든 절 경내를 돌며 앞산 산정 위에 높이 뜬 둥근 보름달을 바라보았습니다. 그리고는 뜬금없이 평화의 기도문을 쓴 성 프란치스코 사제를 생각했습니다. 며칠 전 공세리 성당에서 본 성 프린치스코 사제의 광배가 둥근달처럼 보였기 때문인 듯 싶습니다.

추운 겨울 한밤중, 추위를 못 이겨 그의 집을 두드린 문둥병 환자를 자기 체온으로 녹여 재워주고 먹여주고 입혀준 프란치스코 사제! 제2의 예수라 불리며 청빈한 삶을 산 인류 역사상 교회가 배출한 가장 위대한 성인이신 아씨시의 프란시스코는 가장 인간적인 체온을 가진 성직자였다고 생각해서입니다.

만해 스님께서도 대선사의 임무와 독립운동과 문학, 저술활동 등 우리에게 많은 유-무형의 체온 섞인 큰 유산을 주고 가셨듯 그 또한 낮고 가난한 사람들 곁에서 그들을 그들의 눈높이로 바라본 성인이셨습니다.

만해 대선사께서는 불교도들에게는 물론 문학과 전 생애를 통하여 우리 민족의 큰 존경과 사랑을 한 몸에 받고 계시듯, 특히 가톨릭 역사를 통틀어 신자들에게 가장 사랑받는 성자 중 한 명으로 꼽히는 아씨시의 성 프란치스코!

그 젊은 사제는 젊은 시절 어느 날 하나님께 자기의 번민과 고통을 고백했습니다.

"하나님 당신만을 사랑해야할 사제인 제가 꽃도 사랑하고 글라라 수녀님도 사랑하니 어찌하면 좋겠습니까?" 하고 여쭈었다고 합니다.

하나님께서 "프란치스코야. 나도 꽃도 사랑하고 나무도 사랑하고 글라라 수녀도 사랑하느니라." 대답하셨습니다. 이 얼마나 하나님다우신 멋진 대답이신가요.

나는 이 장면을 기억해 낼 때마다 가슴이 따뜻해지고 또 후련해지기도합니다. 그리고 더욱 하나님을 사랑하게 됩니다.

사람들의 속성을 이토록이나 깊이 이해하시는 하나님을 어찌 사랑하지 않을 수 있겠습니까.

"가장 광범위하게 퍼져 있는 오해는 '준다는 것은 무엇인가 빼앗기는 것, 희생하는 것'이라는 오해다."

"주는 것은 가난해지는 것이라고 생각한다. 그러나 주는 것은 잠재적 능력의 최고의 표현이다.

준다고 하는 행위 자체에서 나의 힘, 나의 부, 나의 능력을 경험한다.

고양된 생명력과 잠재력을 경험하고 매우 큰 환희를 느낀다."

위 글은 사랑의 기술에서 에리히프롬이 제시한 사랑의 개념입니다.

봄이 되면 우리도 성 프란치스코 사제처럼 가슴 깊이 감춰두었던 말 못할 고백을 봄날 햇살 속에 펴놓고 꽃처럼 아름답게 피어나 번져가기를 기도하면 좋겠습니다.

에리히프롬의 날카로운 분석처럼 사랑이나 물질을 나 아닌 남에게 줄 수 있을 때 느끼는 환희를 누릴 수 있으면 좋겠습니다.

대청을 스쳐온 저 바람이 세운 날을 접고 순연한 모습으로 잎과 꽃들을 피워내기를 고대하고 있습니다. 봄은 아마도 부처님의 가슴 언저리를 돌아 이미 우리들 가까이로 오고 있을 것입니다. 늘 그렇게 설레는 마음으로 봄을 맞습니다. 며칠이 지나면 백담의 골짜기마다 분홍빛 진달래 피고 천지에 봄 기운이 알록달록 세상을 수놓을 것입니다.

당신께서도 그렇게 설레는 마음으로 봄을 맞이하셨으면 좋겠습니다.

(2012)

미얀마의 푸른 숨결에 젖다

눈을 들자 아! 숨이 막힌 듯 터져 나오던 비명!

닫혔던 가슴이 탁 트이는 한없이 펼쳐진 푸른빛의 지평에 언뜻 언뜻 보이던 수 없이 많은 금빛 불탑들!

끝이 보이지 않는 드넓은 평원에 수 없이 세워져 있던 금빛 파고다의 기억이다.

장엄하면서도 때 묻지 않은 순수한 풍경이 가져오는 감격!

그것은 이국의 풍경을 넘어선 하나의 경이와 충격이요 감격이었다. 끓어오르는 서정이었다. 나에게는 그랬다.

세계3대 불교 유적지 중의 하나인 바간,

2000개가 넘는 파고다들이 들어서 있다는 올드 바간의 풍경은 품 넓은 어머니의 체취 같은 그리움의 풍경이요 낯익은 체취이기도 했다. 그곳은 내가 잊었던, 잃어 버렸던 아직도 삭지 못한 그리움이 온몸을 적시듯 차오르는 사무치는 서정이었다.

카오스의 삶을 살아온 내 건조한 기억 속을 걸어 나와 기적처럼 나타난, 하늘도 땅도 바람도 낯익은 전생의 어느 아름다운 지점이었다. 그곳 어느 한 곳에 차마 그리운 내 어머니와 내 형제들이 이마를 맞대고 눈빛을 나누며 다정하게 살고 있을 어머니의 땅이었다.

낡은 마차를 타고 가는 내 가슴에 금빛 화살로 박히는 순수하고 감미로운 경이였다.

하늘과 맞닿은 초록이 무성한 끝없이 너른 지평에 순연한 바람이 불어가고 오월의 햇살 아래 녹색의 잎 뒤에 숨은 듯 얼핏얼핏 보이던 금빛 파고다, 그것은 장엄하기보다는 순연한 기도!

원래 태곳적부터 이곳에 있어온 자연이 하늘에 올리는 연둣빛 천연의 제의였다.

끝없는 지평이 하늘에 드리는 제의! 세상 어느 곳에 이리도 무구한 모습의 땅이 남아 있었단 말인가.

세상 어느 곳에 이토록 순전한, 엎드려 절하고 싶은 따뜻한 체온의 지평이 있었단 말인가.

둔덕 하나 만들지 않은 저 무한한 지평에 소리 없이 모습을 드러내고 있는 파고다들, 한없이 착해 보이는 저 지순한 이들의 가슴속에 무슨 염원이 많아 저 많은 금빛 파고다를 세웠단 말인가.

금빛 둥근 뾰족 탑들이 수도 없이 들어선 드넓은 지평이 일구어내는 성스럽고 신령한 기도는 우리 가슴속에 그대로 스며들어 들끓던 마음을 평온케 한다.

그것은 분명 내 금생이 아닌 이전의 생에서 함께 뒹굴고 함께 뛰놀던 낯익은 얼굴이었다.

가고 싶었고 돌아가 안기고 싶었던, 서서히 내 가슴을 적시며 다가오는 유장한 그리움의 산하였다.

온갖 생명들을 잉태하고 길러내는 강물이었다.

소리없이 흐르는 강물 같은 기도는 끝이 없고 시작도 없이 내 가슴으로 젖어든다.

나는 말을 잊은 채 그 순연한 지평을 한없이 바라보고만 있었다. 그 평화로운 광경에 취해 넋을 잃고 바라보는 내 귓가에 하늘 어디선가 이름을 알 수 없는 낮은 악기의 부드러운 음색이 들려온다. 낡은 마차의 덜컥거리는 바퀴소리에 섞여 들려오는 낮은 악기의 음색은 어느새 하늘을 가득 채우는 장엄한 오케스트라의 음색이 되어 대지를 적시며 벅차게 다가온다.

내가 너에게, 네가 나에게 다가오지 못하는 견고했던 벽을 허물고 가슴 깊숙이 흘러올 것 같은 벅찬 기도의 함성이었다. 하늘과 바람과 구름과 숲, 크고 작은 파고다들이 어우러지며 일궈내는 허공을 채우는 푸르른 함성이었다. 구름도 강물도 나뭇잎들도 귓가를 스치고 가는 바람도 낮은 소리로 스며든다.

저 끝도 없이 펼쳐진 드넓은 지평에 한없이 들어선 파고다의 숫자를 굳이 세어 무엇하리.

맨발에 스치는 땅의 느낌은 그대로 내 가슴을 관통하여 흐르는 화평의 염원이다 .

미얀마는 처처가 부처의 숨결로 젖어오는 때 묻지 않은 태초의 땅이다. 잊었던 고향으로 다가오는 아득한 그리움의 땅이다.

세상 어느 곳에 이토록 순정한 속정 있는 풍경들이 있단 말인가

오염되지 않은 가라앉은 시간 속에 우리가 무엇을 염원하고 무엇을 기도한단 말인가.

맨발로 엎드리면 그대로 원시의 흙 내음이 올라온다. 이곳을 스쳐간 모든 이들의 살 냄새와 그들이 남기고 갔을 무수한 기도의 말씀들이 모습을 드러낼 것 같다.

불탑의 행간을 타고 흐르는 부처의 말씀들이 때 묻은 마음들을 씻어주고 있다. 이제껏 족쇄처럼 달고 살아온 신발을 벗고 맨발로 만나는 부처의 세계는 장엄하고 그윽하고 신비롭다.

말을 잊어도 좋은 곳. 기도하지 않아도 기도가 넘쳐흐르는 곳 .

엎드려 저들과 함께 두 손 모으면 바로 불국이 되는 곳.

강물 위를 비치며 서산으로 가는 저녁 해가 서서히 대지를 물들여 가기 시작하고 붉은빛 가사를 입은 어린 승려들이 줄을 지어 둥근 물동이를 안고 걸어간다.

줄을 서서 저녁공양을 탁발하는 저 어린 무구한 영혼들에게 구겨진 지폐 몇 장을 건네며 무슨 말을 해야 하는가. 나는 그들 보시항아리에 지폐 몇 장을 넣으며 말문을 잃어버린다. 그들이 안고 있는 항아리에 내 가슴속의 기도를 담아 보내지 않아도 그들은 분명 내 염원의 기도를 부처 앞에 꺼내 놓았을 것이다. 내 욕망의 두서없는 기도들이 저 어린 스님들에 의해 하얗게 탈색되고 정화되어 아름다운 연꽃으로 부처님 앞에 나앉아 있

을 것 같다.

이제껏 분주히, 헐떡이며 숨 가쁘게 앞만 보며 달려온 나 , 그런 나에게 남겨진 것은 무엇인가. 많은 회한과 병든 육신과 상처 난 영혼만이 남아 아직도 허둥대며 여기까지 흘러온 것이다. 우리는 바삐 살아오며 영혼까지 잃어버려 모든 것을 잃고 살아왔던 것은 아니었을까.

그렇다. 나는 잃어버렸던 영혼의 고향을 찾아 이곳에 온 것임에 틀림없다.

어두운 욕망의 함성에 이끌려 바삐 달려온 삐뚤삐뚤한 내 발자국 들,

편견과 편협함으로 허둥대며 달려온 내 삶의 부끄런 물집들!

미처 살피지 못했던 내 이웃들, 채이고 밟힌 여린 풀잎들의 울음 하나도 다독여주지 못한 건조했던 나의 일상들! 그래! 나는 그렇게 천천히 천천히 뒤도 돌아다보면서 옆도 쳐다보면서 상처 나지는 않았는지 넘어지지는 않았는지, 다독이며 살아왔어야 했다.

언제나 눈에 보이는 겉치레만을 말하고 만져지는 외관만을 추구했던 내 부유의 삶 속에서 나는 안을 잃고 풍선처럼 부푼 겉만을 채워온 부질없는 나날이었다. 그랬다. 기도하지 못했고 돌아보지 못했고 견고한 혼자만의 성城을 쌓아올리며 외로워 외로워 소리 없는 아우성을 내지르며 살아왔다.

그토록 목말라 찾고 소유하려 했던 모든 것들이 역설적이게도 빈손이었다는 것을 우리는 이제 깨달아가고 있는 셈이다.

보라! 저들의 평화로움과 여유로움을, 초라하면서도 초라하지

않고 남루하면서도 남루가 보이지 않는 화평하고 안온한 저들의 눈빛을, 저들은 채우지 않아도 충족한 삶을 영위하고 서두르지 않으면서도 우리 앞을 유유히 앞서서 가고 있지 않은가.

아아 미얀마! 그곳은 분명 우리를 잉태한 어머니의 땅임에 틀림없다. 나는 지금 부처가 계신 불국의 어느 평화로운 마을에 산책을 나온 것이다.

이제 이 순결하고 무구한 땅에 엎드려 깊은 회한과 감사의 기도를 올려야 하리라.

(2004)

보고 싶다 도깨비야!

1990년대 초반쯤일까. 인사동 통인가게 앞에는 허리가 S자로 잘룩하게 휘어진 돌도깨비 한 쌍이 만면에 웃음을 띠고 지나는 길손들을 유혹하고 있었다. 그 모양새가 어찌나 귀엽고 해학적인지 첫눈에 반해 버렸다. 화강암으로 된 작품인데 우리가 상상하는 뿔 달린 무서운 도깨비가 아니라 엉덩이를 비틀며 웃고 있는 아주 귀여운 모습의 도깨비 부부다. 배시시 웃고 있는 모습이 어찌나 이쁘고 사랑스러운지 지날 때마다 가까이 다가가 쓰다듬어 주곤 하였다. 재질도 크기와 모양새도 나무랄 것이 없었다.

"넌 어쩜 이리도 예쁘게 생겼니. 나하고 잘 지내자!"

돌도깨비를 향한 나의 이 기이한 행동을 알아차린 직원이 묻지도 않는 말로 나를 주눅 들게 했다. 이름있는 교수의 작품인데 자기네 사장이 가장 아끼는 작품이라 값이 굉장히 비싸다고 했다. 값이 비싸다고 하니 그 도깨비가 더 예뻐 보였다. 나는 그때 인사동 근처에서 S 선생님께 서양사 문예사조를 공부하고 있을 때였다. 그래서 비교적 자주 인사동을 들르는 편이었다. 그리고 그 후로는 누군가와 만날 일이 있을 때마다 인사동으로 만날 장소를 정하였다. 그 도깨비 부부를 자주 보고 싶어서였다.

그리고는 그 도깨비를 내 것으로 만들기 위해 궁리하기 시작했다.

그러나 그 도깨비를 손에 넣는 것이 그리 간단한 일이 아니었다. 우선 값이 내가 감당하기에는 만만치가 않았다. 남편에게 고하고 공개적으로 하자면 못 할 바도 아니지만 미술품을 사는 일에 질색인 남편과 부딪치기가 싫었다. 크기도 만만치 않아 선뜻 사겠다고 설쳐댈 일도 못 되었던 것이다. 마음 같아선 무리를 해서라도 그 도깨비를 사다가 마당에 세워두고 싶은 마음에 애가 닳았지만 당장은 그림의 떡이었다. 재네들을 기어이 우리 집으로 데리고 가야지! 나의 앞뒤 없는 결심을 눈치챈 S 선생님은 "평생 한 집에서 살 것도 아니면서 마당에 너무 값비싼 조형물이 필요치 않다."고 우정 어린 충고를 하셨다. 그러나 나는 속으로 "이사 갈 때마다 데리고 가면 되지요." 변명 겸 갖고 싶은 욕망을 몰래 속으로 다져두고 있었다. 무리를 해서라도 사다가 마당 한편에 세워두고 두고두고 사랑해주고 싶은 생각이 갈수록 굴뚝같아졌기 때문이다.

그러니 나는 마음만 급할 뿐 제대로 일을 행동에 옮기지 못했다. 설마 저 비싼 도깨비를 누가 금방 사가랴! 방심하기도 했다. 작은 물건이면 사다가 남편 몰래 장롱 깊숙이 감춰 간직하겠지만 작은 사람 키만 한 돌 도깨비 한 쌍을 치마폭에 감춰서 가져갈 수도 없지 않은가. 빨리 행동하지 못한 더 큰 이유는 값도 문제지만 세워 둘 장소가 더 문제였던 것이다.

지금 살고 있는 집은 마당이 좁은 편이어서 개네들의 집으로 적합지 않았다. 앞뒤 안 보고 무작정 사서 집으로 싣고 갈까 싶지만 서두르기만 해서 될 일이 아니었던 것이다. 먼저 선행되어야 할 장소를 마련하는 일이 급선무였다.

노후에 살려고 장만해둔 이추림 선생님께서 기거하고 계신 신천리 집 넓은 마당에 세워두고 싶은 게 내 속셈이지만 아직은 온전한 펜스도 없이 허술한 편이라 개네들만 세워 둘 수는 없는 일이다. 급한 마음에 별 궁리를 다하는 나를 동행한 친구나 선생님들은 극구 만류했다. 앞뒤 없이 덤비는 내 성급함을 잘 알고 있는 친구들은 그것을 덜컥 사다놓고 애 아빠와 한바탕 부부싸움이 벌어질 것을 잘 알고 있기 때문이다. 특히 S 선생님은 그 도깨비 값이 진짜 흥정에 들어가면 더 엄청날 것이니 눈독들이지 말라며 미련을 버리지 못하는 나를 번번이 돌려 세우곤 하셨다.

평생을 고서화나 그림에 몸담고 계신 S 선생님이니 그분의 말씀을 의심할 수도 없고 제반 상황이 여의치도 못하고 해서 그냥 침만 삼키는 꼴이었다. 그러나 내 속셈은 우선 신천리 집에 펜스를 단단히 하고 지금 살고 계신 이추림 선생님께 잘 돌봐달라고 부탁을 할 참이었다. 칠백 평이 넘는 집 마당에 펜스를 제대로 하자면 이것 역시 만만한 일은 아니겠지만 언젠가는 해야 할 일이니 추진하면 되겠고, 이추림 선생님이야 나를 당신의 딸 다음으로 귀히 여겨주시니 내 부탁이면 이유 묻지 않고 잘 들어주실 것이다. 그렇게 하나하나 조건을 성숙시키고 있는 중이었다.

어느 날 볼일이 있어 인사동에 나갔다가 일부러 그 도깨비를 보러 통인가게 앞을 갔다. 나는 기절할 듯 그 자리에 멈춰서고 말았다. 도깨비부부가 없어지고 엉뚱한 조형물이 그곳을 차지하고 있는 게 아닌가. 나는 가슴이 덜컥 내려앉다 못해 다리가 휘청거릴 만치 낙심천만이었다. S 선생의 말씀대로 그 도깨비가 통인가게의 상징물로 세워둔 것이라 매매하지 않을 것이라던 선생님의 말씀을 액면 그대로 내가 믿은 게 오산이었다. 장사꾼의 습성을 모르는 바도 아니면서 도깨비 부부가 팔린다는 것을 생각지 못한 내 우매함 때문이다. 그 앙증맞은 도깨비 부부가 내 것도 아닌데 내 소중한 보물을 빼앗긴 것처럼 다리가 떨릴 정도로 서운하고 마음이 아팠다.

나는 너무 속이 상해서 발길을 떼지 못하고 한동안 그 자리에 가슴을 쓸어내리며 서 있어야 했다. 배신을 당한 것 같은 아쉬움이 몇날 며칠을 두고 엄습해왔다. 하지만 가버린 도깨비를 어쩌랴! 그렇게 나와 도깨비 부부와의 인연은 아쉽고 서운한 기약없는 이별로 끝이 났다.

그렇게 보내고 나서도 한없는 짝사랑의 속앓이를 하던 어느 날, 나는 용기를 내서 가게 안으로 들어가 도깨비 부부의 안부를 묻고야 말았다. 소 잃고 외양간 고치는 격이지만 그애들의 안부라도 알고 싶을 정도로 나는 허전했던 것이다. 그러나 나는 또 한 번 다리가 후들거리는 허전함을 맛보아야 했다.

S 선생님께서 말씀하신 가격의 삼분의 일도 안 되는 가격에 부산의 어느 유복한 분이 가져갔다는 것이었다. 기절할 노릇 아닌가.

“당당하게 책임 있는 매니저와 부딪쳐 볼 걸.” 후회가 막급이었다. 괜히 흥정하다 보면 값만 올라간다는 말에 내가 어리석게 동의한 게 잘못이었다.

“그 이쁜 애들을 왜 그렇게 싸게 파셨어요?” 나는 너무 약이 오르고 허전해서 영문도 모르는 가게 점원에게 볼멘소리를 하고 있었다. 왜 빨리 액션을 취하지 못했을까 하는 후회와 허전함에 한동안을 울적할 정도로 나는 그들의 매력에 매혹돼 있었던 것이다. 그 서운한 감정을 삭이는 데 수개월이 걸렸다. 뿐만 아니라 십수 년이 흐른 지금도 나는 가끔 그 애들을 생각해내곤 그때 빨리 행동개시를 못한 점을 진실로 아쉬워했다. 후에 확인한 사실이지만 내가 맨 처음 가격을 알아본 그 점원은 새로 입사한 풋내기라서 잘못 된 엉뚱한 가격을 나에게 말했던 것이다.

나는 지금도 인사동을 지날 때면 그 예쁜 도깨비 부부를 생각한다. 나와는 인연이 닿지 않아 멀리 떠나갔겠지만 지금도 보고 싶고 갖고 싶은 아쉬운 마음이 가슴을 아리게 한다.

사람도 아닌 조형물에 내가 이렇게 혼을 빼앗기다니 속으로 어처구니없어 하면서도 내 맘은 영 허전하다 그때 서운했던 감정을 아직도 삭이지 못하고 있는 탓이리라.

지금은 어디 가서 그 귀여운 모습으로 인간들의 화복을 지켜 주고 있을까.

내가 사랑하던 그 도깨비 부부는 부산의 어느 여유로운 부잣집 영감님이 사갔단다. 그래! 부산의 부잣집으로 시집을 갔다니 다행이다. 넓은 정원에서 남해바다를 바라보며 네 주위 사람들에게 행복을 날라다 주렴! 필시 S자로 휘어진 네 모양새하며 배시시 웃던 입하며 너는 틀림없이 장난기 많은 사랑스런 도깨비일 거야. 그곳에서 잘 놀고 잘 구경하고 좋은 일 많이 하고 어느 날 다시 나에게로 돌아오렴!

부산 앞바다의 아름다운 풍경도, 남해바다 냄새 묻은 억센 부산 사투리의 사랑 얘기도 넌 내게 펼쳐 보일 수 있을 거야! 네 신기한 보물주머니에 차곡차곡 넣었다가 나에게 가져다 주렴! 건강하게 잘 있다가 금방망이 은 방망이 손에 들고 나에게로 돌아오렴! 웃는 네 얼굴 보고 싶다! 사랑한다. 내 도깨비야!

(1998)

첫날밤에

– 영원한 나의 스승 이추림 선생님

"서정시가 함박눈이라면 장시長詩는 히말라야 영봉의 만년설이다."라며 장시만을 고집해 오신 시의 제왕 이추림 선생님, 선생님께서는 늘 삶에 허둥대며 동분서주하는 나를 시인을 만드셨고 사람을 만드셨고 부천을 시인들의 동네로 만드셨다. 우리들은 선생님께 시를 배웠고 시인의 자존을 배웠고 겸손을 배웠다. 선생님은 우리들에게 늘 큰 바위 얼굴이셨다.

그때 부천은 소사라는 옛 지명을 떼고 부천이라는 새 이름의 도시로 승격하면서 도시 기반을 구축하고 서울과 인천이 가깝다는 지정학적인 이유로 하루가 다르게 변화해가던 활기찬 시기였다 .

서울과 인천이라는 대도시의 중간에 끼어 제대로 정체성을 갖지 못한 애매한 분위기의 이동성 도시. 밀리고 밀려서 마지못해 다달은 땅, 마음 붙이지 못하고 떠돌다가 한판 승부로 황금을 거머쥐면 미련없이 떠나는 부유의 도시, 현지인의 숫자가 10%에도 못 미치는 그야말로 베드타운이란 오명을 달고 있을 때였다.

내가 문학의 풋내기이던 그 시절, 내 고장의 정체성에 대해 고민하시던 부천의 문화터줏대감이시던 최은휴 선생님과 의견을 같이한 선생님은 최은휴 선생님과 손을 잡고 부천예총과 부천문협을 만드시고 첫 번째 문학강연에 미당 서정주 선생님을 초청하셨다.

미당 선생님과 함께 황명 선생님 등 여러 중진 문인들이 대거 참석하셨다. 미당 선생님께서 오신다니 시장님을 비롯한 시 관계자나 지역단체에서도 많이 참석하신 건 당연하다.

문학 강연이 끝나고 지역단체장들까지 참석한 저녁 회식자리에서 미당 선생님은 가장 말석에 앉아 밥을 먹고 있는 나에게 노래를 부르라고 지명하셨다.

나는 밥을 먹고 있다가 당황하지 않을 수 없었다. 그때는 노래방도 없었고 노래 부르는 게 어색하기만 하던 시절, 이 뜬금없는 노래 주문에 나는 너무 당황해서 도리어 멍하니 앉아 있을 수밖에 없었다.

주변 없는 내가 아는 노래가 있을 리 없다. 그렇다고 '일송정 푸른 솔'을 부를 수 있는 분위기도 아니었다. 50여 명 넘는 시선이 일시에 나에게 쏠리고 여기저기서 재촉하는 소리에 나는 더욱 당황했다.

선생님들께서는 누구(미당) 앞인데 감히…… 미당의 명령을 거역할 수 있는가 하는 분위기였다.

그런 분위기를 접해보지 못한 촌뜨기인 내가 아는 노래는 없고 하늘이 노랗게 보일 정도로 난감한 상황이었다.

죽기 아니면 살기지… 봉선화 곡조에 가사를 개사해서 부르기로 마음먹고 일어섰다. 첫날밤에 첫날밤에 신랑하고 나하고 달보며 걸었네 뭐 이 정도로 끌고 가면 되겠지…. 그러나 앉아 있을 때는 가사가 그런대로 급조되더니 정작 일어서니 머리가 텅 빈 듯 생각이 묘연했다. 하는 수 없이 <첫날밤에>로 일관하며 노래를 끝까지 밀고 갈 수밖에 없었다. 챙피한 일이지만 달리 묘안이 없었다. 한번 막힌 말문이 풀릴 리 없지 않은가. 그리고는 맨 끝에 '혼자 잤네.'로 끝을 맺었다. 급조된 이 야릇한 노래에 좌중은 웃음바다가 되고 박수가 터져 나왔다. 떨리는 목소리로 전곡을 '첫날밤에'로 일관했으니 오죽했으랴!

나는 얼굴이 홍당무가 되어 쥐구멍이라도 찾고 싶을 정도였다.

그러나 미당 선생님께서 만면에 웃음을 띠시고 나를 가리키시며 "그게 바로 시다." 하시는 게 아닌가!

그게 바로 시라니…….

선생님께서는 이절을 부르라고 재차 명하셨다.

가슴이 떨리는 것도 훨씬 좋아졌고 해서 이절도 부르기로 했다.

둘째날도 둘째날도…… 일관하다가 맨 끝을 '그냥 잤네' 로 끝을 맺었다. 좌중은 또 웃음바다가 되고 선생님께서는 다시 삼절을 부르라고 명하셨다. 나는 그때서야 정신이 들어 미당 선생님을 향해 "선생님 셋째 날은 그냥 보따리 쌌어요." 대답하고 의자에 앉아 버렸다

다시 박수가 터지고 좌중은 다시 웃음바다가 되었다.

회식이 끝나고 미당 선생님께서는 나를 불러 "네가 진정한 시인이다."

허허 웃으시며 차에 오르셨다.

이추림 선생님께서는 "미당의 마음을 그토록 흡족하게 녹여놓은 큰 사건"이라는 칭찬과 함께 문인들이 모이는 기회가 있을 때마다 이 노래를 주문하시곤 했다.

"아 <첫날밤>을 부르면 되지 않나?"

갑자기 경제적인 어려운 상황에 몰려 부천에 내려오신 이추림 선생님께서는 내가 마련해드린 우거에서 18년을 기거하시고 돌아가셨다.

그렇게 탄생된 부천 문협은 1년에 두 권씩 어느새 통권 66호 문집 ≪부천문학≫을 내고 있다.

미당 선생님 가시고 이추림 선생님도 가셨다. 나 역시 부천을 떠나 와 그 애매하고 안쓰러운 '첫날밤'을 노래 부를 기회도 없고 황막한 천지에 그때의 미당의 나이가 다 되어 늙어 가고 있다. 그립고 그리운 그때 그 시절의 그리운 얼굴들을 불러 막걸리 잔을 기울이며 그날처럼 환한 기억 속을 다시 걸어보고 싶다.

(문학의 집 .서울 2016)

백로와 까치의 사랑

물안개가 피어오르는 시냇가 버들가지 위에 아까부터 까치 한 마리가 분주히 날개를 퍼덕이며 날아다니고 있다. 누구를 기다리고 있는 듯 자못 부산한 눈치다.

설악의 미시령에서 삼립 밸리가 자리한 계곡 쪽으로 넘어가는 중간 지점쯤, 내설악의 높고 낮은 계곡을 지나며 이미 몸을 불린 시냇물은 크고 작은 바위들을 감싸고 흐르면서 물살이 제법속도를 내기 시작한다. 물살이 낮은 바위의 등을 어루만지며 휘돌아가는 경사진 언덕 아카시아 나무숲에 까치가 와서 물가 저쪽을 향해 깍깍대며 요란스레 날개를 퍼덕이고 있는 것이다. 수선스럽기가 웃음이 절로 나올 정도로 가관이다.

설악의 여러 고갯마루 중 하나인 미시령 쪽의 계곡과 외금강산 줄기의 맨 끝자락인 화암사 계곡에서 시작한 냇물은 크고 작은 산과 계곡의 물들을 끌어안고 그 넓고 아름다운 신평벌을 옆으로 스치면서 물줄기가 거세지며 폭을 더해간다. 설악의 여러 절경 중에도 미시령 쪽 산세의 빼어남과 출중함이 이를 데 없지만 이곳을 지나는 시냇물 역시 그 물빛깔의 맑고 수려함이 절로 탄성을 자아내게 하는 절경 중의 하나다. 높고 낮은 산과 계곡을 거치면서 물들은 수위를 높여 모양새와 소리와 색깔을 더해가며 동해로 흘러든다 .

용모가 수려한 춘향목, 키 큰 홍송들이 곳곳에 자태를 뽐내며 군락을 이룬 모습이 오가는 이들의 가슴을 설레게 하고 크고 작은 바위가 울창한 숲과 어울려 이곳을 찾는 이마다 찬탄을 금치 못하는 곳. 높은 산과 맑은 물, 잘 자란 수림 그리고 그들이 뿜어내는 청청한 공기, 이들을 끌어안고 있는 쪽빛 하늘! 이 아름다운 풍광들이 어우러져 빚어내는 빛과 선과 색의 하모니!

설악은 진정 신이 주신 천혜의 땅임에 틀림없으리라.

나는 틈만 나면 책 한 권을 들고 이곳에 와서 적당한 곳에 차를 세워둔 채 물가에 자리를 깔고 누워 시간을 보내기를 좋아한다. 책을 읽거나 하늘에 떠가는 흰 구름을 보면서 생각 없이 누워 있는 이 한가롭고 평화로운 시간을 나는 즐기는 편이다. 소나무 숲을 스쳐가는 바람 소리, 작은 바위를 스치고 흘러가는 시냇물 소리. 멀리 동해바다가 몸을 뒤척이는 소리, 산과 바다가 이루어내는 청아하고 장엄한 심포니! 나는 신선이 된 듯 마음이 평화로워진다.

건강이 좋지 못한 나는 주위의 권유로 지친 몸도 쉴 겸 이곳에 벌여 놓은 마무리지 되지 않은 사업도 살필 겸 이곳 속초에 내려온 지 수개월이 지났다. 그러나 주변머리 없는 나는 회사 식구 외엔 아는 친구도 없고 사귄 사람도 없는 편이어서 모든 것이 생소함 뿐이지만 나는 어느새 이곳의 아름다운 풍광과 풀물이 묻어날 것 같은 녹색의 공기에 반해 잡다한 일들을 모두 잊고 있었다. 식사는 회사 식당에서 적당히 때우기 일쑤고 보니 시간이 널널하다. 식당 아주머니께서는 나를 위해 갓 따온 옥수수나 감자를 준비하시곤 해서 내 왕성한 식욕을 더욱 부추기셨다. 공기 좋은 곳에서 깊은 심호흡만 해도 건강이 좋아진다는 담당 의사의 말대로 나는 이곳에 오면서 몸도 마음도 많이 회복되었다.

한눈에 들어오는 빼어난 설악의 위용과 맑은 시냇물, 푸른 바다의 벅찬 풍광은 내가 안고 있는 모든 시름 내지는 외로움조차도 넉넉히 잊게 해주는 별천지였다.

나를 둘러싼 모든 조건들이 어이없게 돌아가던 그 시절, 내가 파악한 이곳 회사의 재무제표는 최악이었다. 그러나 나는 내 주변의 몇몇이 자기의 조건만을 충족시키려는 이기주의자들임을 알면서도 굳이 그들에게 서운한 감정을 내색하지 않았다. 어려운 여건임에도 산림훼손 허가를 허락한 고성군과 관계자 분들에게도 함구를 해야 했다.

사업성의 유무를 따지기엔 너무 많은 자금이 투입되어 이미 늦은 시기였고 불필요한 인원을 감축하기에도 이미 가족처럼 되어 있어서 매몰차게 손을 쓸 수 있는 상황이 못 되었다. 내가 다시 오너로써의 냉철함을 찾는다면 사업성의 재검토를 못 할 바도 없지만 나는 기존의 사업계획 그대로 밀고 나가기로 마음을 굳혔다. 현장책임자인 B 상무와 대충 따져본 수지계산은 내가 감당할 수 있는 수준으로 파악되었다.

승산이 별로인 상황을 감지하면서도 굳이 함구하고 브레이크를 걸지 않은 이유는 내가 부처님이어서가 아니라 별로 그들과 맞서서 따지고 시시비비를 가리고 싶지 않은 체념 비슷한 무력감과 내 여린 심성 때문이기도 하다. 그동안 억척스레 모아놓은 큰 재산도 날렸는데 그리고 남들은 평생을 모은 돈으로 자선사업도 하는데 나를 위해 잠시나마라도 애써준 저들을 모른 채 사업에 승산이 없다고 박절하게 도중하차할 용기가 내게 없었던 것이 더 큰 이유였다. 한없이 사업을 벌여가던 패기 있던 젊은 시절 같으면 어림도 없는 일이었겠으나 심신이 지쳐버린 지금은 그저 편한 게 나에게 이쯤의 건강도 허락하는 길이겠으니 이 또한 상책이라는 심산도 깔려 있었다. 내가 그들을 위해 철저히 이번만은 양보하리라 .

적자가 난다고 당장 중지하면 매달린 식구들 걱정도 만만치 않았다.

내 성격에 그것 또한 큰 상처로 남을 것 아닌가. 그냥 손해 보기로 쉽게 맘 먹으니 도리어 편해지는 것이었다. 비워야 채워지는 것이라 이르신 성현의 말이 있지 않던가.

그리고는 나는 작업 현장에 가기보다는 이곳의 물가 소나무 아래 앉아서 까치와 함께 까치의 친구 백로가 오기를 기다리고 있는 것이다. 참으로 신기하게도 늘 그 자리, 그 시간에 까치가 와서 날개를 폈다 오므렸다 수선을 떨며 백로가 오기를 기다리고 있는 것이다 .

깍깍대며 백로를 기다리는 모습은 흡사 아이들이 아무개야 놀자하고 소리치는 모습과 흡사하다. 둘이는 무슨 얘기를 주고받는지 서로의 주위를 맴돌며 왔다 갔다 야단이다. 한참을 그런 후엔 둘이서 훌쩍 소나무 숲으로 날아갔다가 몇 시간 후에 또 둘이서 앞서거니 뒤서거니 돌아와서는 서로의 날갯짓을 자랑하며 즐거운 듯 노는 것이다. 참으로 기이한 일이다. 백로와 까치, 너무도 다른 두 종류의 새가 보기에 부럽도록 서로 다정하게 지내는 광경은 신기하고 기이하다. 재미있고 너무 사랑스럽다.

판소리 <춘향가>를 듣자면 이도령과 춘향이가 사랑놀음을 하는 대목에 이르면 참으로 사설이 재미있다. 서로 어우르고 추스르는 추임새며 오가는 짓거리가 절로 신이 나고 웃음이 나온다. 흡사 두 녀석의 날갯짓이나 하는 짓이 판소리 <춘향가>의 '사랑가' 대목을 부를 때와 똑같다.

그들 두 마리 새들이 사랑을 하는지 음모를 꾸미는지 알 수는 없지만 녀석들의 우아한 날갯짓이나 장난스러운 몸놀림 또는 질러대는 음성들이 각별한 우정을 나누고 있음이 분명한 것 같다.

백로가 긴 목을 빼어 물속을 헤집고 있으면 까치란 놈이 물가 버드나무가지에 앉아 있다가 푸드득하고 옆의 돌멩이 위로 옮겨

앉고 다시 나무 가지로 옮겨 앉는다. 또 무언가를 얘기하는 듯 목을 빼고 백로는 긴 다리를 껑충껑충 따라가며 사방을 둘러본 다음 또 이상하고 재미있는 날갯짓을 해댄다.

나는 처음에 그놈들이 매일 만나는 똑같은 녀석들이 아니라 우연히 그곳에서 만나게 되는 각각의 영 다른 녀석들인 줄 알았는데 자세히 몇 날을 두고 살펴보니 똑같은 녀석들인 것이다. 전연 어울릴 것 같지 않은 그것들이 어쩜 이리도 하루 이틀도 아니고 변함없는 우정을 나눈단 말인가.

볼수록 귀엽고 사랑스런 녀석들이다.

만물의 영장이라는 사람들은 말로는 평화를 운운하면서도 자기의 이익을 위해 죽기 아니면 살기식의 볼썽사나운 작태를 밥 먹듯 한다. 눈앞의 욕심에만 눈이 어두워 다른 이의 아픔이나 어려움 쯤 안중에도 없이 앞만 보며 사는 참으로 부끄러운 줄 모르는 만물의 영장이라는 위인들 아닌가.

저 색깔도 다르고 모양새도 다른 두 마리의 새가 오랫동안 다투는 일없이 다정하게 우정을 나누며 지내는 사랑스럽고 평화로운 모습에 비해 우리 삶의 모습은 얼마나 무위하고 볼썽사나운 모습인가.

빼앗기고 빼앗는 힘의 대결만이 능사인 파렴치한 이기주의가 염치도 없이 만연한 세상, 미로처럼 얽히고설킨 타인과의 관계 속에서 개인은 물론 인류는 얼마나 많은 절망과 아픔, 원하지 않은 질곡의 세월을 살아야 했던가.

나는 차츰 그들의 사랑 놀음에 익숙해져서 그들을 위해 과자부스러기나 먹다 남은 오징어 다리를 던져주지만 나의 그 턱없는 호의에 녀석들은 눈길 한번 주지 않는다. 오히려 귀찮다는 듯 휑하니 날아올랐다가 다시 물가에 정답게 앉아 무어라 지줄대며 날갯짓을 해 댄다 .

오늘은 어찌해서라도 녀석들과 좀 친해지고 싶은데 고것들이 나를 친구로 받아주려 들는지 좀 더 사정을 해봐야겠다. 대청봉 쪽에서 불어오는 바람이 숲을 스치는 소리가 푸르다.

그 푸른색의 바람 소리가 휘모리장단으로 흘러가는 물소리와 어울려 참으로 청아하다.

천사의 날개

“하나님께서 거기 있으라고 하셔서…그래서 거기 있는 거예요.

별로 잘한 일도 없는데 칭찬해주셔서 미안해서 말을 잘 못하겠어요.”

수수한 옷차림, 여고생 같은 화장기 없는 얼굴,
수줍어 큰 눈망울을 어디다 고정시키지도 못한 채 그녀는
아프리카에서의 자기 가족들의 생활을 담담히 얘기 하고 있었다.
“자랑할 것도 없는데 목사님이 말하라고 하셔서…….”

일요일 대예배가 끝나고 목사님은 낯이 선 젊은 여인을 우리에게 소개했다.

아프리카의 케냐 나이로비, 사자나 코끼리 같은 맹수들이 우글거리는 케냐의 국립공원, 파리떼가 우글거리고 원시의 먹이 사

슬이 여과없이 자행되는 곳, 우산나무들이 가끔씩 서 있는 넓고 메마른 평원에 사자들이 먹이사냥에 나서고… 때로는 극심한 가뭄에 동물들이 물을 찾아 헤메고 나무들이 메말라가고 있는 황폐한 풍경들, 우리가 알고 있는 것의 전부, 그것도 텔레비전에서 방영해 주는 몇 커트의 영상을 호기심 반 동정 반으로 쳐다보는 아주 상식적인 그곳에 관한 지식들, 죽음과 맞서야 할 만큼 혹독한 더위와 한번 걸리면 헤어나기 힘든 풍토병.

굶주리고 있는 원주민의 비참한 생활, 현대문명을 등진 열악한 환경, 어디 하나 제대로 갖춘 것이라곤 없는 거친 황무지, 그 척박한 땅에 하나님의 복음을 전하기 위해 아프리카의 케냐에 새 삶의 뿌리를 내린 그들 부부. 안정되고 보장된 이곳에서의 삶을 하나님께 반납하고 다시 하나님의 주신 사명을 증거키 위해 상상하기도 힘든 열악한 그곳으로 훌훌 길을 나선 천사들!

"더위에 지쳐서 밤이면 담요에 물을 적셔 덮고 자면 더위가 한동안은 가실 수 있어요." 도저히 상상도 안 되는 고행을 남의 얘기하듯 아무렇지도 않게 얘기하는 아름다운 그녀.

사람의 모습이나 표정이 천차만별이고 삶의 모습 또한 천태만태임을 알고는 있지만 나를 비롯한 대부분의 사람들은 자기, 나아가 자기 가족, 자기 주변만의 안위를 위해 안간힘을 쓰며 사는 모습이 대다수 우리네 삶의 모습들이다.

무슨 큰 보장이라도 받은 듯 당당하던, 그리고 당연시 되던 우리네 안정되고 평범한 삶의 모습들이 그 순간 왜 그리 초라하고 부끄럽던지…….

기아와 질병에 시달리는 그들에게 몇 푼 모금함에 돈을 던지는 것으로 의무를 다한 듯 태연하게 외면할 수 있는 문명인들의 교활함 내지는 자기 방어의 철저함, 서 푼어치의 선행으로 아주 떳떳하게 책임을 피해보려는 나를 비롯한 대부분의 상식화 된 문화인들의 자화상이다.

모기나 파리떼가 들끓고 검은 피부 위에 덕지덕지 앉은 땟자국, 가난이 비참하기보다는 철저히 외면하고 싶은 상황들, 타인의 아픔을 나의 아픔으로 껴안을 수 있는 용기가, 더구나 내가 가지고 있는 모든 것을 포기하고 죽음과 맞서 싸워야하는 사지나 다름없는 열악한 아프리카로 사랑하는 자녀까지 동반하고 주저없이 떠날 수 있는 용기가 어디로부터 연원하는 것이었을까.

대개의 선교활동이 그러하듯 어느 교단이나 선교단체의 후원을 받는 것도 아니고 권위나 직위의 업그레이드를 위한 시한부적인 봉사도 아닌 전적으로 순수한 사랑의 전령사임을 확인했을 때, 우리는 숙연할 수밖에 달리 말을 할 수가 없었다.

아프리카로 떠나기 전 이곳에서 남편의 도움으로 많은 부富를 축적한 남편의 친구가 남편의 높은 꿈을 알고 있기에 보답의 의미로 그곳에 가서 필요한 자금이나 물품을 요청하면 언제라도 그와 그곳이 필요로 하는 모든 지원을 하겠다던 친구의 약속을 굳게 믿고 케냐의 나이로비에 짐을 풀었다고 한다. 그러나 자금과 물품들을 지원하겠다던 약속은 떠나기도 전 이미

물거품이 된 교활하고 야비한 허언이었던 것이었다.

만리타국 생의 불모지에 아무런 대책도 없이 그들은 버려져 있었다. 나는 왜 그들을 원망하지 않느냐는 지극히 유치하고 일차원적인 질문으로 끓어오르는 분노를 새기느라 가슴을 쓸어내리고 있었다.

살인적인 더위와 서로 상통하지 못하는 데서 오는 배타성과 이질감들과 싸우면서 참담했던 시간들을 그녀의 표정은 아무 일도 아니라는 듯 담담하게 이어간다.

"그분도 그럴 수밖에 없는 이유가 있었겠지요."

자기에게 닥친 모든 난관들을 인내와 노력으로 극복하면서 그곳에 뿌리를 내린 지 5년, 이제 그들은 케냐의 한마을의 진정한 친구가 되어 그들의 존경과 사랑을 받는 위치에 서 있었다.

그들은 그곳의 실정을 어느 정도 파악하면서 그들이 가장 필요로 하는 것은 하나님의 말씀도 중요하지만 혹심한 갈증과 싸워야 하는 물이라는 걸 깨닫고 샘물을 파는 일부터 시작했다고 한다.

나이로비에 상주하는 내셔날 지오그래픽의 도움을 받아 수맥을 찾아내고 몇 수백 미터 땅을 파서 샘물을 끌어올리는 일, 벌써 다섯 군데에서 성공을 하여 생수가 뿜어져 나오고 있다고 한다.

서구의 적십자사에서 식량으로 지원한 옥수수를 삶을 물이 없어 날 옥수수 낱알을 입에 넣고 우물우물 침으로 넘겨야 했던 그들에게 생수가 뿜어져 나오는 샘은 생수가 아니라 생명수일 것이다.

누구도 감히 엄두도 내지 못했던 그 일을, 그 어렵고 힘든 일을 그가 해냈던 것이다. 서구인이나 다른 이방인을 보면 무기를 들고 테러를 일삼는 젊은이들도 그들의 차가 지나갈 때면 손을 흔들어 환호해 준단다.

말로 하나님의 말씀을 전하는 것보다 피와 땀으로 하나님의 생명수를 길어 올려 세상을 밝히는 사람들. 지금도 불볕더위와 맞서 싸우는 아프리카의 오지에 그들이 뿜어내는 생수가 메마른 땅 메마른 생명들을 촉촉히 적셔주고 있으리라.

큰 소리로 말세를 부르짖는 그럴 듯한 명분만을 앞세우며 큰소리로 외치는 일부 종교인들의 꽹과리 소리 같은 허황한 외침보다는 세상의 뒤편 보이지 않는 구석에서 묵묵히 자기를 희생하며 사랑을 실천하는 이들이 있어 세상은 아직도 살 만한 가치와 욕구가 생기는 게 아닐까.

견디기 힘든 더위와 먼지와 쏟아지는 땀, 더위에 잠 못 이루는 밤이면 담요에 물을 적셔 수면을 청하는 성자의 뒷모습 위에 하나님께서는 분명 은총의 손길로 축복하시리라.

강단을 내려서는 그녀의 머리 위에 하늘의 천사들이 뿌리는 백장미의 향기롭고 하얀 꽃잎들이 분분히 쏟아지고 있었다.

(1998. 6.)

제2부

그리움이 거기 있었네

그리움이 거기 있었네
-양구 박수근 미술관 관람기

하얀 돌들이 서로 몸을 맞대고 엮어가는 한 소절 빛의 소나타. 선과 색과 소재가 자연과 어우러지며 일궈내는 눈부신 한 편의 소묘다.

양구 박수근미술관! 그렇다 그것은 정녕 아름다운 한 소절 세레나데다.

우리들 가슴속에 아픈 울림으로 각인되어 있는 애조 띤 그의 그림의 성향과 맥이 닿아 있는 듯 화려하지 않으면서 눈부신 한 폭의 아름다운 풍경이다. 시대적인 궁핍과 문화적인 가난으로 빛을 보지 못했던 불우했던 한 천재화가가 이제야 넉넉한 자연 앞에서서 연주하는 한 소절 맛깔스러운 음악이다.

아득한 들녘, 멀리 가까이 높고 낮은 산들과 숲이 보이고 논밭이 보인다. 한없이 넓어서 넉넉하고 너그럽고 푸근한 이 공간!

잔디가 있고 뒷산 계곡을 흘러온 시냇물이 미술관의 품안으로 들어와 흐르고 있다.

작은 공간 하나도 소홀함이 없다. 미술관이라는 공간을 이렇게 건축물, 그 자체만으로도 하나의 수준 있는 작품일 수 있는, 이런 아름다운 조형물을 만들 수 있다니……. 어깨를 짓누르던 모든 일상의 욕망을 내려놓고 편히 앉아 쉬고 싶다.

지나던 바람이 피곤한 가슴을 슬그머니 어루만져 주고 갈 것 같다.

강원도 양구, 한 번도 와 본 적이 없는 이 오지에서 만나는 행복한 충격!

그것은 분명 아름다운 충격이었다. 달의 옷자락인 듯 희고 둥근 건물의 선을 따라가다 보면 어느새 피카소의 날카로운 선으로 이어지는 미술관의 우아하고 날렵하고 아름다운 공간, 그의 그림 몇 점과 드로잉, 사진첩, 편지, 초기화가 전시되어 있는 전시실, 시골 초가집, 장작불 화로가 있는 따사로운 안방에 초대된 듯 아늑하다. 이 평화로움은 어디서 오는 걸까.

그가 그렸던 헐벗은 나무들은 부활하여 꽃과 잎들을 다시 피워낸 듯 푸르르고 맑은 냇물이 흘러가는 그의 발밑에 적당한 크기의 흰 건물이 사뿐히 앉아있다. 그를 아끼고 그리워하는 이들이 정성과 사랑으로 일궈낸 정갈한 화폭이다. 시냇물 도란거리는 소리를 화가의 안방까지 끌고 온 건축가의 애정 어린 시선도 눈물겹게 아름답다. 미술관 뒤편 낮은 언덕 잔디 위에 박수근 화백은 검정고무신을 신고 무릎을 끌어안은 편안한 자세로 졸졸 흘러가는 시냇물소리를 들으며 모처럼의 망중한을 즐기고 있었다.

뒷산 계곡을 흘러내려 미술관의 허리춤을 관통하는 작은 시냇물은 그의 품으로 스며들어 계절마다 온갖 야생화들을 피워내리라. 어디서 날아왔는지 민들레 몇 포기가 망중한을 즐기고 있는 화가 옆에 옹기종기 피어 있다.

우리나라 근대 미술사를 통하여 우리에게 가장 많은 영향을 끼친 화가가 누구일까. 나는 단연 박수근 화가를 꼽고 싶다. 그가 전 생애를 통하여 우리에게 보여준 작품의 이미지는 우리에게 깊은 감명과 감동을 심어주기에 충분해서 지워지지 않는 문신으로 새겨져 있음이 분명하다.

우리니라 지도를 놓고 사각형을 그린 후, 가장 한가운데 즉, 중심이 되는 곳이 이곳 양구 정림리, 라고 한다. 이 지점이 성화畵聖 박수근의 탄생지이다.

태백의 줄기가 당당하게 뻗어 내려 우리니라의 가장 중심을 이룬 곳, 즉, 인체로 치면 배꼽 부분이다. 그 정점에 미술관은 자리하고 있다.

한국미술사의 큰 별인 박수근을 탄생시킨 이곳에 주민들이 그를 위해 마련한 이 아담한 미술관은 그의 그림을 닮은 듯 빛나지 않으면서도 빛을 발한다.

허물지도 파헤치지도 않은 넉넉한 공간, 이 의미 있는 공간을 전연 훼손하지 않고 우리에게 아름다움이 무엇인지를 보여주는 미술관! 빛이 없어도 남루가 보이지 않고 소리가 없어도 풍요로이 소리가 들리는……. 이렇듯 더운 가슴을 통과한 정성이 모아진 곳은 따뜻하고 아름다운가 보다. 뒤편 언덕 위, 작은 산봉우리를 올라가면 우거진 잡목 사이로 그의 묘소가 보인다. 한 많은 그의 생을 이곳에 모신 것은 더욱 인간적이다. 잘 정돈된 당신의 미술관을 내려다보며 얼마나 흐뭇하실까. 공연히 눈시울이 붉어진다.

고대 그리스인들은 델포이를 세계의 배꼽이라 여겼었다. 그래서 그들은 그곳에 신탁소를 차리고 옴파로스라는 배꼽을 상징하는 돌을 세워 놓았다. 그러나 한없이 척박하고 경사진 돌산, 그 협소하고 삭막하던 그곳이 세계의 중심이라고 여기기에는 나는 얼른 수긍이 가지 않았었다.

백두대간이 크고 웅혼한 산맥을 이루며 뻗어내려 한반도를 지키는 태백산맥, 그 태백의 맑고 큰 기상과 정기가 뭉쳐 머물고 있는 곳, 그 응축된, 수려한 정기가 모이고 고여 근대 한국미술의 큰 획을 긋는 걸출한 화가 박수근을 탄생시켰나 보다.

그 불우했던 시절을 묵묵히 건너온 화가의 회색빛 발자욱들.

얼마 안 되는 화구畵具값으로 지불되어야 했던 그의 그림들을 생각하면 가슴이 아리다!

그가 남긴 화폭의 풍경들은 아프고 고달팠던 우리 삶의 맨발의 흔적들이다.

소리없는 상처들, 아직도 치유되지 못한 상흔이다.

흰옷을 입은 여인들이 말없이 잎 진 나무 밑을 스쳐 지나간다. 화폭에는 눈물과 한숨과 정한이 그가 짓이긴 물감보다 더 두꺼운 두께로 배어 있다. 화폭 가득 입히고 닦아 내고 입히고 닦아

내고 또 그려야만 만날 수 있었던 길.

눈을 감고 바라봐도 바라보다 돌아서도 안쓰런 정한이 우러나오는 침묵의 화폭. 어둡고 암울했던 그 시절, 끝 모를 긴 터널을 지나오며 그는 애절한 마음을 짓이겨 캔버스 위에 쏟아 부었으리라. 그가 스스로 개척하고 즐겨 사용했던 마티에르 기법!

그것은 우리가 사랑하는 화가 박수근만의 그리움만은 아니다. 가난하고 고달팠던 그 시절을 거쳐 온 우리 모두의 그리움이요 향수다.

쏟아 붓고 쏟아 붓고 짓이기고 그 공허하고 힘든 마음의 지평 위로 길을 내고 하늘을 열고 나무를 심고 그리운 이들의 얼굴들을 하나하나 그려갔으리라. 포효하지 못한 눈물과 함성을 짓이겨 바탕에 칠하고 표시나지 않게 또 입히고 또 입히고 지우고 아무렇지도 않은 듯 그렇게 그는 암울했던 내면을 담담히 화폭에 담아갔으리라.

그가 사랑했던 사람들의 마을, 잎 진 나무가 있고 아이들이 있고 흰옷 입은 여인들이 있다. 낡은 초가집이 보이고 빨래하는 여인들이 있고 장기 두는 노인들이 있다. 그건 분명 불우했던 화가가 우리 모두에게 보내는 눈물겨운 연서다. 지워지지 않는, 처절한 그리움이 두껍게 배어 있는 연서다.

전시실 뒤편 낮은 언덕에 박수근은 발아래 흐르는 작은 물소리를 들으며 맨발로 앉아 있다. 우리 미술사에 큰 발자욱을 남긴 박수근, 그가 맨발에 검정고무신을 신고 앉아 있는 잔디 위에 나도 그렇게 앉아 있고 싶다.

그가 그려간 여인들처럼 그렇게 그의 곁에 앉아 그 회색빛 바람의 실타래들을 바라보고 싶다. 그가 즐겨 그렸던 잎 진 나뭇가지에 부활하듯 잎이 돋아나고 꽃비가 분분히 내리는 어느 봄날 나는 이곳에 다시 오리라.

다시 와서, 맨발의 그의 곁에 앉아 잃어 버렸던 그리운 얼굴들을 불러 모아 이 아름다운 미술관 한편에 걸어 두리라.

소리로 오시는 임

-성덕대왕 신종

소리가 서라벌 십리 허 놀뫼 들(野)을 덮고 계림을 지나고 남산을 넘는다.

장중하면서도 맑은 소리가 맥놀이 현상을 일으키며 가슴속으로 잦아든다.

고이 싸 두었던 겹겹의 종이를 펼치자 그 고매한 분은 수줍은 듯 얼굴을 내민다. 돋을무늬로 앉은 여인의 봉긋한 살갗이 만져질 듯 매끄럽다

한지에 배인 묵향이 종소리처럼 그윽하고 은은하다.

순백의 한지에 탁본된 비천상飛天像! 당초무늬 보상화문 속 비파소리에 날아갈듯 천의 자락에 싸여 무릎을 꿇고 앉아 있는 성덕대왕신종의 비천상이다.

"자네가 간직하시게! 모시기 힘든 귀한 분일세!"

C 선생님은 평생을 아껴 오신 듯 탁본을 내게 건네시며 목소리가 떨리신다.

행여 다칠세라 표구도 하지 않으신 채 장롱 깊숙이 정성으로 모셔온 것을 내게 건네시며 하시는 말씀이다. 젊은 시절 모 일간지의 경주주재 문화부기자로 계실 때 문화재 발굴현장에 참가하면서 책임 있는 분께 어렵게 부탁하여 탁본을 받은 것이라고 하셨다.

종은 입 부분에 당초무늬 띠가 있으며, 맨 윗부분에는 한 마리 용龍이 종의 음관音管을 감고 있다고 하셨다. 당초무늬를 두른 견대肩帶 아래 4개의 유곽乳廓 안에 36개의 연꽃이 새겨졌고, 양각된 종명을 사이에 두고 연화좌蓮花座 위에 무릎을 꿇고 있는 공양상供養像이라 일러 주셨다. 음관을 감고 있는 용의 모습이 얼마나 빼어난지 금방이라도 비늘을 세우며 승천을 할 듯 꿈틀대는 몸체가 가히 그것만으로도 숨막히는 걸작이라고 하셨다.

나는 황송한 마음으로 받아들긴 했지만 선뜻 받기가 어려웠다.

선생님께서 그토록 아끼시던 것을 내가 받는 것이 합당할 것인가가 내 스스로 의문스러워 사양했다. 그러나 선생님은 강경하셨다.

"세상의 모든 물건은 임자가 있는 법일세.

내 그동안 자네에게 신세진 게 많아서 빚 갚는 마음으로 주는 게 아닐세. 귀중한 물건은 간직한 사람의 됨됨이가 물건의 품격을 나타내는 것이니 잘 간직했다가 꼭 필요할 때 살펴 펴시게."

그렇게 나에게 전해진 에밀레종의 비천상은 내가 가슴으로 간직해 온 보물이다. 그까짓 탁본을 뭘 그리 대단하게 여길까 묻는다면 달리 대답할 바는 없다. 그러나 나는 진정 이것을 소중히 간수해 왔다. 한지로 여러 번을 싸고 또 싸고 구겨지지 않도록 큰 붓통을 준비하여 안전하게 보관했다.

흩어진 국운을 모으듯 백성들로부터 구리를 모아 종의 무게보다 더 지극한 정성을 들여 만들었을 저 거대한 종의 중앙부에 다소곳이 앉아 하늘을 우러르는 고귀한 하늘의 여인을 어찌 값어치로 메길 수 있단 말인가.

통일의 위업을 이룬 신라의 산하를 신의 소리로 채우던 종소리!

그것은 신라인들의 가슴속에 이미 깊숙이 자리한 만파식적의 거룩하고 영험한 소리가 아니었을까. 죽어서도 호국의 영靈이 된 문무대왕이 해룡이 되고 삼국통일의 큰 공을 세운 김유신이 죽어서 된 천신天神이 합세하여 가져온 대나무 피리 만파식적, 저 신종은 그 영험한 구원의 소리, 만파식적의 재현을 위함이 아니었을까.

변방의 신라가 삼국통일의 대업을 완성해가는 과정에서 왜 아픔과 상처가 없었으랴! 만파식적은 그 혼란과 혼돈의 아픔을 씻어내고 백제와 고구려의 유민들을 통합하기 위한 성찰과 화합의 절묘한 묘수이었을 것이다. 나라의 온 힘과 지혜를 모아 정성을 다해 만든 우람한 범종에다가 만파식적의 철학과 의미를 담았으리라! 결국 성덕대왕신종은 통일이후 새 시대에 걸맞는 신라인의 대망을 안고 탄생한 통합과 소통, 그 화합의 상징이 아니었을까.

승자인 신라인들의 겸허한 성찰과 패자의 아픔을 감싸 안고 어루만지는 진실한 소통의 울림으로 신종은, 통일신라를 하나로 묶어내는 진정한 화합의 장을 펼치려는 지극한 결과물이었을 것이다. 통일신라 전성기대인 그때, 선대왕에 대한 충성과 백성들에게 왕의 위엄을 보여주기 위한 계산된 포석도 물론 포함되고 있었을 것이다.

봉덕사의 종이라고도 불리고 에밀레종이라고도 불리는 이 위대한 대종은 많은 전설과 거듭된 실패를 안고 탄생한다. 이렇듯 어렵게 탄생한 대종은 우리의 자부심이기도 하지만 우리 민족의 삶 곁에서 애환을 같이 해온 산 역사의 증인이기도 하다. 당나라의 세력까지도 끌어들여가며 어렵사리 이룩한 삼국통일의 대업도 얼마가지 못하고 신흥세력인 왕건에게 사직을 내어 주어야 했던 뼈아픈 역사의 기억도 저 종은 가슴 한구석에 담아 두었을 것이다. 그 많은 세월 속, 애환과 희락의 순간들을 가슴안에 간직했다가 조금씩 조금씩 녹여 소리 속에 풀어냈을 것이다. 에밀레 에밀레 울었을 것이다.

어느 미술모임에서 우리 문화재의 지킴이로 이름 높은 유홍준 교수가 집음集音한 세계의 종소리 모음을 들은 적이 있다. 우리나라를 비롯 중국이나 일본은 물론 유럽의 유명한 종소리까지도 채집한, 유 교수가 아니고는 이뤄내기 힘든 귀한 소리의 모음집이었다. 나는 그때 우리종의 우아하고 장중한 소리에 감격하여 가슴이 떨리고 눈물이 났다. 더욱 성덕대왕신종의 장중하면서도 맑고 영롱한 소리가 큰 파문으로 가슴에 물고랑을 냈다.

십수 년 전 이른 새벽, 신종 앞에 경건한 몸가짐으로 타종을 기다리다가 6시가 되자 이윽고 들었던 그 종소리! 그 잊지 못할 감격이 되살아 왔다.

중국이나 일본의 종들은 크기도 별로이지만 그 조잡한 모양새나 소리가 볼품없고 옹졸했다. 뎅가당 뎅가당 오두방정을 떠는 일본의 종과 쇠소리가 나는 중국종의 소리는 가볍고 갈라지는 듯 균열이 심했다.

우리 종의 크고 장중하면서도 맑은 음색이며 길게 남는 여운까지 진정 소리의 진수를 보는 듯, 大鐘의 권위 앞에 세상의 모든 소리들이 무릎을 꿇고 엎드려 부복하는 듯했다. 분명 하늘이 내린 소리였다.

삶이 힘들 때도 하늘을 날고 싶을 때도 나는 비천상을 꺼내 경건한 마음으로 가슴에 안아 본다. 신종의 거룩한 소리를 환청으로 들으며 두려움과 황송한 마음에서 종이를 펼치면 온 방안가득 분향의 향기가 퍼진다. 탁본속의 그 귀한 신라의 여인이 나를 안고 보상화문에 휩싸여 승천하는 적멸의 시간, 나도 비천을 하며 적멸의 지경에 이른다.

겹겹 세월의 무늬를 밟고 홀연히 내 앞에 나타난 귀하디귀한 저 옛적의 여인! 그러나 저 소중한 분을 떠나보내야 하리라고 아쉽고 안쓰러운 가슴을 쓸어내린다. 나이 들어 더 늦기 전에 그것을 누구에겐가 물려주어 많은 사람들의 침잠된 귓속에 아름답고 위대한 종소리가 동심원을 그리듯 아름답게 울려 퍼지게 해야 하리라.

세상의 어느 이별인들 아프지 않을 리야 없겠지만 그래도 아름다히 웃으며 보내드려야지……. 안쓰러운 가슴을 쓸어내린다.

변방의 미학

"냄이사 아니지, 냄은 아녀, 그럼 냄인감, 넴이는 네미니게 넴두 아녀, 그러믄 뭐여, 넴만두 못한 눔이지, 냄두 아니메 넴만두 못한 놈이 뭐간, 뭐는 뭐여, 웬수지, 그게 바루 웬순겨, 뭣이 워짜구 저쩌……. 이 개잡아 먹은 자리에 가서 곡을 허구 재배헐 눔아!"

이 걸판지고 걸쭉한 충청도 사투리는 동인문학상을 수상한 이문구의 소설 <장평리 찔레나무>에 나오는 김 회장(여)의 넋두리다.

풋각시 시절 시집와서 주변 없는 남편 덕에 혼자서 밭농사 논농사는 물론 온갖 집안대소사를 책임져야 했고 부지런한 품성에 동네 부녀회장까지 맡은 그녀였다. 있는 것 없는 것 다 들여 장가보낸 시동생은 서울살이하면서 없는 살림 거들기는커녕 시도 때도 없이 형수집에서 거저 챙겨가기를 밥 먹듯 한다. 이번에는 몸보신하게 까치를 잡아서 냉동실에 보관했다가 설에 내려갈 테니 준비해 달라는 시동생의 얌체 같은 요구에 화가 치밀어 퍼붓는 형수의 넋두리다. 싸가지라고는 눈 씻고 찾아 보려야 볼 수 없는 시동생, 걸핏하면 걸려오는 얌체같은 전화에 차마 전화기에 직접 대고 퍼붓지는 못하고 혼자서 씨근덕거리는 시골 무지랭이 형수의 걸판진 넋두리!

그녀는 또 모처럼 남편의 품이 그리워 옆구리를 찔렀으나 외면하고 돌아눕는 남편을 보고 더 이상 애원하지 않는다. "그려! 너는 상행선 나는 하행선 좋다 이거여." 이 거침없는 대사가 나오는 작품 역시 <내 몸은 너무 오래 서 있거나 걸어 왔다>의 '장평리 찔레나무'에서다.

이름없이 태어나 있는 듯 없는 듯 살다 스러지는 볼품없고 내세울 것 없는 이름 없는 나무들에게 작가는 한없는 애정의 눈길을 보낸다. 찔레나무, 화살나무, 개암나무, 고욤나무, 소태나무, 으름나무…….

동인문학상의 심사위원들은 심사평에서 "어떤 경의를 표하더라도 충분치 않을 것."이라고 작가에게 최상의 경의를 표했다.

한 세계를 꾸준히 천착해 온 작가가 마침내 이룬 이 변증법적 원융圓融의 세계에 독자는 물론 심사위원 역시 아낌없는 애정과 최상의 경의를 바친 것이다. 이문구 소설의 본류가 그렇듯이 이 작품 또한 그가 이룩한 충청도 농촌사람들의 끈끈한 삶과 사투리의 경지를 극명하게 보여 준다. 그가 보여주려는, 그가 그려가는 충청도의 융융하고 걸판진 변방의 삶의 풍경들이 이문구가 부는 주술의 피리 소리로 채색된 언어 미학의 정수들이 유감없이 펼쳐지는 빼어난 화폭이다. 단원이나 혜원의 풍속화보다 더 감칠 맛나는 해학이 넘친다. 참으로 이문구 그만이 그려낼 수 있는 질편한 언어미학의 장강이다.

나는 젊은 시절 소설을 쓰고 싶었었다. 그때 텍스트로 택한 작품이 이문구의 소설이었다. 문장으로 북에는 이태준이요, 남에는 이문구라고 하지만 세상물정 모르고 오만하기 짝이 없던 나는, 나도 열심히 천착하다 보면 이문구쯤이야 될 수 있겠지……. 이 깜냥없는 발칙한 자신감이 깨지는 데는 그리 오랜 시간이 걸리지 않았다.

나도 충청도에서 태어나 자랐고 농사 짓는 집안에서 자랐으므로 어느 정도 시골 사람들의 풍경과 정서에 익숙하다고 생각했었다. 그러나 그의 작품 하나하나를 정독해 가면서 나는 아! 아! 절망의 비명을 질러대고 있는 것이었다. 그가 그려놓은 충청도의 풍경들은 진솔하고 리얼한 우리의 삶 자체보다도 더 실감나는 살이 떨릴 정도의 절묘한 묘사다.

그 떨림이 소름 돋게 전이되기 때문이다. 그것은 작가가 책상 앞에 앉아서 머리로만 쓴 글이 아니라 손과 발과 몸 전체를 다 던져서만이 획득할 수 있는 진정한 리얼리티가 아닐 수 없었다.

비산비야의 산자락 아래 둥지를 틀고 사는 그렇고 그런 같은 모습의 충청도 시골의 풍경들이지만 그의 현란하고 치밀하고 완벽한 프리즘의 회로를 통하여 펼쳐지는 풍경들은 마치 우리 삶의 모습들을 세필화로 그린 듯 정확하다. 섬뜩하리만치 정곡을 찌르는, 가슴을 칠 수밖에 없는 묘사력, 유유히 흐르는 장강 같은 친숙한 언어들! 우리 삶 중 가장 핵심의 장면, 그 하이라이트만을 발췌한 듯 감칠맛 나고 공감대를 불러들이는 마력같은 힘을 갖고 있는 상황과 문장들은 그가 걸어간 길을 확연하게 내고 있다. 책을 덮으면 충청도 시골에 무심히 서 있는 이름 없는 나무들이, 포수에게 쫓기고 있는 멸종위기의 슬픈 눈의 동물들처럼 떠오른다. 그 위에 다시 오버랩 되어 안쓰럽게 가슴을 울리는 충청도 무지랭이들의 면면들이 다시 수면 위로 떠오른다.

그가 그려가는 농촌의 질박한 삶들이 일궈가는 능청스럽고 의뭉한, 그러나 줏대 뚜렷한 변방의 언어의 미학에 나는 완전히 매료되다 못해 밤을 새워 그의 작품을 두 번 세 번 되읽었다. 그리고 내가 그와 같은 충청도라는 게 자부심을 가질 만치 이문구 문학의 숭배자가 되었던 것이다.

그의 아름답고 걸판지고 맛깔스럽고 정감 있는 언어의 미학을 짚어가면서 나는 도저히 그를 향해 총대를 겨눈다거나 그의 곁을 어슬렁거리지도 못할 큰 위인임을 인정하지 않을 수 없는 문기의 절대자로 보였다. 나 같은 둔재로서는 도저히 건너지 못하는 큰 강임을 새삼 나 스스로에게 세뇌하지 않을 수 없었던 것이다.

그래도 그에 대한 향수는 아직도 가득해서 그의 작품이 출간될 때마다 먼저 사서 읽는 것만으로 나를 위안해야 하는 처지가 되어 있다. 그를 닮은 작품을 쓰기는커녕 소설의 입문조차도 못하고 있는 한심한 실정이니……. 허지만 어쩌랴 내 능력의 한계임을…….
애면글면하면서도 이렇듯 자기 분수를 알고 쉽게 물러설 줄도 아는 이가 또한 충청도 기질 아니겠는가. 그토록 충청도 농촌이나 갯가의 걸판진 언어로 충청도 무지랭이들의 애환을 천연덕스럽게 담아내던, 그리하여 그들의 찌들고 건조한 삶에 아름다운 무늬를 놓아가던 이문구, 그도 갔다.

이제 어디에 가서 그 구수하고 의뭉 맞은 느린 템포의 충청도 사투리를 들어 볼 수 있으랴! 그가 담담히 그려간 관촌수필의 애조틱한 풍경들, 그가 보여주고 싶어 했던 사라져가는 것들에 대한 아련함, 그 잔영이 주는 애가적인 분위기, 빛바랜 우리말에 기름칠을 하여 윤을 낸 만해문학상에 빛나는 유자소전, 그는 그때 수상소감에서 말했다. "나는 내 소설의 첫 대목을 열 번 이상 고치는 게 보통."이라고 했다. 문장에 출중한 그도 이렇듯 공을 들이고 정성을 다하는 장인의 정신으로 글을 썼던 것이다.

그가 우리에게 보여주고 싶어 했던 어려운 시대를 꿋꿋하고 떳떳하게 살아간 의기로운 사람들의 이야기, 불의에 타협하지 않은 곧은 정신, 민초들의 삶의 밑바닥에서 건져 올리는 풍자와 해학, 경박부조輕薄浮躁한 세태에 대한 비판으로서의 전통정서, 펼치는 면면마다 살아 있는 내면묘사, 그가 담아낸 변방의 아웃사이더들이 그려가는 뼈대 있는 이야기 유자소전, 우리 동네 등, 논두렁 밭두렁 또는 서해의 찰진 갯벌을 넘나들며 씨부렁

대던 주인공들의 낯익은 어투가 주는 편안함, 그가 그곳에 뿌리를 두고 키워간 충청도 무지랭이들, 그들의 곁을 지켜주던 동네의 당산나무들 그리고 집가 한편이나 논두렁 밭두렁에 이름 없이 뿌리박고 서서 그들의 애잔한 삶을 지켜보며 그들과 함께 커 가던 이름 없는 나무들, 모두가 그리운 우리 충청도 변방의 미학들이다.

땅이 목숨인 줄 알고 열심히 농사를 지어가던 시골 사람들, 농사를 지어봤자 자식들 대학등록금은커녕 영농조합의 불어가는 빚 갚기에도 급급한 줄 알면서도 말없이 땅을 일구고 바다에 나가 고기를 잡던 무구한 눈빛의 사람들, 그런 눈빛의 사람들이 엮어가던 가슴 짠한 얘기들.

그러나 충청도 시골의 어디에도 동구 밖에 뿌리박고 서서 도시의 삶에 외면당하고 지쳐서 돌아오는 탕자를 푸근히 맞아주는 훈훈한 눈빛은 어디에도 없다. 이문구, 그가 갔듯이 그가 그려가던 시골의 풍경들은 너무나 변해 버렸다.

순박하고 무구하던 시골사람들이 바람처럼 하나하나 사라져간 저 변방의 동네 충청도에 내 고향은 이미 사라지고 없다. 약삭빠르고 영악한 얼굴의 이방인들이 설쳐대는 충청도의 농촌. 인간의 손때보다 더 더러운 것은 없다더니 때 묻은 도시인들의 발길이 닿은 곳마다 푸근하던 옛 정취도, 넉넉하던 사람들의 마음 씀씀이도 어디론가 가 버렸다.

텅 빈 가을 들판을 스치고 지나가는 시원한 바람이 모처럼 고향의 흙냄새를 전해준다. 아! 남아 있는 것들의 쓸쓸함! 어디 가서 충청도 느린 사투리로 수다를 떨며 가을걷이가 끝난 저물녘, 땅과 조상께 감사하는 붉은 팥이 켜켜이 얹은 고사떡을 집집마다 나누며 끈끈한 정을 나누던 정겨운 풍경들을 만날 수 있을까.

추수가 끝난 빈 들판을 휘돌아온 바람이 휑하니 내 옆을 스쳐간다.

*"두말하면 잔 소리구 시말(三) 하면 헛소리지."
"그려! 너는 상행선 나는 하행선 좋다 이거여."

*<장평리 찔레 나무>에서 차용

<2003년 가을>

주막이 보이는 풍경

요즘 주당들 사이에 막걸리가 인기라고 한다. 반가운 소식이다. 우리 조상들의 신명을 돋아주던 막걸리, 텁텁하고 걸쭉한, 맛도 빛깔도 모양새도 우리 정서에 딱 맞는 우리의 술이다. 설움받던 민초들의 벗이고 노역에 지친 이들의 땀방울이고 한이고 눈물이었다.

청석골 꺽정의 졸개들이 자배기에 부어놓고 바가지로 퍼마시던 더 없는 친구였고 갈증이었다. 동학군의 목숨을 건 출정에 의리를 두고 맹세하던 조선의 사내들이 울분을 토하며 마시던 우리 뼛속을 녹아 흐르는 하얀 피다. 국운이 쇠퇴한 나라의 운명을 자신의 등에 짊어지고 가고 싶어 했던 호방한 남정들의 의분을 돋아주고 달래주던 눈물이고 격정이다.

어찌 골방 샌님 같은 말쑥하고 낭창낭창한 서양의 와인에 비하랴!

걸쭉한 정이 담긴 막걸리는 우리 민족이 잘 지켜온 발효주다 .

쌀과 누룩을 넣어 만든, 가난하던 시절 밥을 대신할 수도 있는 곡주인 막걸리야 말로 우리와 애환을 함께 해온 우리만이 만들 수 있는 우리 정서에 딱 어울리는 우리의 술임에 틀림없다.

발효음식의 대표격인 된장이나 김치와 더불어 진즉 우리 것으로 크게 내세워 자랑했어야 했다. 다행히 요즈음 젊은이들 사이에서도 소주나 서양술을 제쳐놓고 막걸리를 찾는 주객이 늘고 당국에서도 막걸리의 세계화에 눈을 돌린다고 하니 반가운 일이다. 우리가 누구냐! 드넓은 만주벌판을 말을 타고 누비던 동이족의 후예가 아닌던가, 그들의 호방하고 활기찬 역동적인 모습에 딱 어울리지 않는가.

어머니는 술을 잘 빚으셨다.

농사철이면 농주를 빚어 일꾼들을 대접하고 가을이면 아버님을 위한 약주를 빚으셨다. 농사지은 통밀을 갈아 누룩을 만든 다음 잘 발효된 누룩을 부셔 넣고 고두밥을 지어 누룩과 함께 비벼서 커다란 단지에 담아 윗방 아랫목에 두셨다. 온도를 잘 유지해야 좋은 술이 만들어 진다고 하셨다.

아버지를 위해서는 갖은 약주를 빚으셨다. 구기자를 심어 그 열매로 술을 빚으시고 꽃이나 과일은 물론 산사나무 열매나 모과 같은 각종 약초를 넣어 술을 빚으셨다. 용케도 술은, 넣은 약재의 고유한 향을 풍기며 윗방 아랫목 배부른 큰 항아리에 담겨

이불을 두른 채 익어 갔다. 이렇듯 어머니의 정성과 사랑이 뒤섞인 술은 그 향과 맛이 일품이었다.

남도의 사찰을 둘러보러 떠난 여행길에서의 일이다.

월출산 기암 사이 가파른 길을 오르고 있을 때였다. 수직에 가까운 바윗길을 오르면서 숨이 턱에 찼다. 시원한 막걸리 한 잔이 그리운 지점이다. 뒤에 따라 오시던 이추림 선생님이 쉬어가자고 애원이시다.

"아! 시원한 농주 한잔 생각난다. 뭐 마실 것 좀 없는가?"

솟아나는 땀을 연신 훔치시며 목이 타시는지 선생님은 나를 바라보신다. 준비했던 물을 나와 남편이 다 마셔버린 후였다. 옆 사람에게 물을 구걸할 수도 없고 난감하기 이를 데 없었다.

"선생님 좋은 수가 있습니다. 여기쯤에 이쁜 정자 하나 지어 놓고 주막을 열면 어떨까요?" 기암괴석의 산세가 눈과 귀를 황홀케 하는 월출산 절정의 지점이다

"좋지." 내 엉뚱한 질문에 선생님은 기가 막히신지 웃으신다.

"우리 가배가 주막을 차리면 한량 꽤나 꼬이겠는 걸, 나는 절대 찬성일세! 허허허……."

바위 틈새를 스치고 지나가는 바람소리도 사뭇 환상이다 .

"선생님 그러면 제가 마당쇠로 나서야겠지요?" 뒤따라오던 남편도 맞장구다."

"서정시가 함박눈이라면 장시長詩는 저 히말라야 정상에 쌓

여 있는 만년설이다." 라며 장시를 써 오시던 선생님! 그 어른이 그토록 오직 시만을 위한 생애를 다 펴보지도 못하시고 갑자기 타계하셨을 때 나와 남편은 세상을 잃은 듯 서러웠었다.

월출산 정상에서 내려다본 남도의 들녘은 정스럽고 훤칠하기 이를 데 없다. 멀리 보이는 들녘 끝 어디에선가 시원한 육자배기 한 소절 신선들의 피리 소리 속에 섞여 들려올듯하다.

월출산! 신神은 어찌 이 넓은 땅 한가운데 이리도 빼어난 석산石山 하나를 훌쩍 던져놓으셨을까.

막걸리는 곡주이면서 발효주다. 쌀이 남아돌고 한미 FTA로 인한 농민들의 한숨이 하늘을 찌르는 이 시기에 막걸리가 더 유행하여 쌀 소비가 늘어난다면 이 또한 일석이조가 아니겠는가.

동서양을 막론하고 술에 얽힌 사건들은 부지기수다. 불가능한 것도 가능케 하는 술이 갖는 마력 같은 힘, 그 몽환적 매혹 때문일까.

거나하게 한잔 걸치고 골목길을 휘저으며 귀가하는 남정들은 자신이 곧 제왕이고 하늘이다. 어찌 자기를 무시하는 몰지각한 위인이 이 세상에 있으랴! 손오공처럼 구름을 타고 하늘에도 오르고 별천지에도 거침없이 다다른다. 빌게이츠도 되고 기분 내키면 스티브 잡스도 된다. 술이 주는 환각이고 환청이다. 세상일에 더 이상 밀리고 싶지 않을 때 서슴없이 우리의 방패가 되어 주었고 기쁠 때 그 기쁨을 같이 해주던 막걸리, 한 시대를 무릎 꿇린 천하에 거칠 것 없는 큰 사나이, 무애의 표상으로 세상을 주유하던 원효의 큰 얼이 서려 있고 고약한 탐관오리의 약삭빠른 작태를 속 시원히 비꼬아 서민들의 울분을 대신해주던 김삿갓의 걸출한 풍자가 들어있다. 허리가 휜 이름 없는 농민들이 즐겨했고 녹두장군들의 동학군들이 대사를 앞에 두고 비장한 결의를 다지며 맹약의 표시로 마셨음 직한 우리 백의민족 민초들의 술이 아니던가! 잊었던, 잃어버릴 뻔했던 서민의 친구, 우리 삶속에 녹아 있던 낭만을 다시 만난 것 같다. 인류가 존재하는 한 우리 옆에 있을 친구임에 틀림없는 술! 불가근불가원의 원칙만 지켜진다면 술이야말로 이 메마른 세상에 흉금을 털어놓을 수 있는 우리들의 가장 친근한 벗이 아닐까.

나는 지금도 남도 여행길에 오를 때면 월출산의 그 아름다운 그늘 아래 주막집을 그려본다. 주막집 평상에 앉아 세상일들을 얘기하다보면 월출산을 휘돌던 바람도 옷자락 휘어잡고 한몫 끼어들 게 분명하다.

단원이나 신윤복의 그림처럼 꽃같이 어여쁜 기생을 곁에 한 주막이 아니면 어떠랴! 지니던 길손에게 시원한 막걸리 한잔을 곁드린 술국이 있는 소박한 풍경은 우리 서민 정서에 어울리는 그리운 풍경이 아닐까.

시원한 막걸리 한잔이 그리워지는 가을밤이다.

(1997. 8.)

섬진강 편지

섬진강 물길을 따라 간다
하늘 아래 가장 먼저 봄이 오는 길
면벽 결가부좌한 지리산 겨드랑 땀방울들을 모으고
남도 너른 벌판의 바람과 한 많은 사람들 시름도 모아
제 가슴에 끌어안고 흐르는 강

물길을 따라 간다는 것은
물들의 그림자를 보고 싶어서다
물빛에 비치는 자기 얼굴을 보고 싶어서다
자기의 뒷모습을 보고 싶어서다

지리산 둥그런 품안이 그렇듯이,
섬진강 봄 강물도 봄날엔 젊은 아낙의 분홍빛 얼굴이다

얼굴에 분 바르고 연두색 숙고사치마 갈아입은
젊고 어여쁜 얼굴, 동그란 허리춤을 풀며 죄며
휘모리 장단으로 여울져 가는 분홍빛 얼굴의 젊은 아낙이다.

봄날의 고운 빛깔과 냄새와 모양새와 숨소리와
그들의 살 냄새 분 냄새가 풀풀 솟구치며
일렁이며 흘러오고 흘러가는 곳.

이 길의 어디쯤 차 향기 가득한 절집 가는 길이 있지
벚꽃 흐드러지는 쌍갈래 꽃길을 지나
납자衲子들 시퍼렇게 동안거冬安居 드는 우람하고 예스런 절집
품속 곳곳에 차나무를 키우며 물소리도 차향 드리운 그곳

물 향기 차 향기 매화 향기 따라 가는 길
절집 차 덖는 향기가 산과 들과 길을 메우고
법의 입으신 神仙, 초의 선사 그림자가 아직도
차를 달이고 계시는 그곳

섬진강 물길은 때 묻지 않은 새벽빛이다
스스로 새벽을 여는, 이 땅에서 가장 아름다운 꽃길 속 물길
새벽의 푸른 물안개 속, 오늘은 내가 취해 비틀거린다.
대숲 수런거리는 소리 곁, 차향기 꽃향기 번져가는
지리산 상흔이 꽃으로 피는 물목마다 목이 메이던

풀물 든 시퍼런 물들이 군데군데 풀어 놓은
아직도 삭지 못한 사연들이
바람 따라 물 따라 처연히 흐르는 곳
그리움에 지친 내가 가면 나를 따라
비로소 길이 되던 길

기억한다는 것은
물길을 거슬러 올라가는 것과 같지만
내 기억의 올 하나도 버리고 싶지 않은 상처의 강
은어떼들 물길을 거슬러 올라가듯
내 기억의 실타래도
상류로 상류로 치솟는 급물살이던 날들

그대가 옆에 있어도 그대가 그리워진다는
류시화의 시詩 구절은 너무나 인간적이다.
주체할 길 없는 시름에 세상은 앙상히 야위어가고
가슴을 치며 지리산 종주를 거듭하던 젊은 날
내가 두고 간 사연을
너무 뜨거워 끓어 넘칠까 너무 차가워 얼어버릴까
조바심 끓던 산봉우리마다 지천이던 철죽꽃
핏빛 낭자한 꽃물이 가슴을 적시던 밤마다
눈먼 별들이 강물 위로 쏟아져 익사하던

눈에서는 지워졌지만 마음에서는 지우지 못하고 있는
모습 모습 모습……. 강물에 떠간다
세월도 떠가고 애련의 마음 같은 꽃잎도 떠가고 나도 떠간다

가며가며 물들은 둥그런 마을을 만들고 물새들을 키워낸다
은어들이 꼬리를 치며 강물을 거슬러 올라가는 거기
물총새 알을 낳던 하구마다 밀려간 모래둔덕마다
상처 같은 대숲을 품어 키워가는 내 어머니의 얼굴을 닮은 강

진안 데미샘에서 발원하여 구담 싸리재 장구목
북대미를 진양조로 흐르다가
순창 곡성 구례를 지나 지리산 자락의 수많은 마을을 품으며
휘돌아 가는 정 많은 물길
*타인능해他人能解 멋과 정이 살아 흘러가는
금환락지 운조루 옛집을 지나
화개동천 차밭에 어리는 십 리 길 질펀한 꽃길을 지나
섬진마을 매화꽃 구름같은 삼박재 마을 언덕까지
너무 아름다워 슬퍼지는 물길

아침 안개가 추억처럼 피어오르거나
분홍빛 노을이 잦아들 때면 매화꽃 떠가는 강물을 보며
대숲 푸른 바람소리를 들으며 누구라도 한 번쯤은
이 강변에서 시를 쓰고 싶었으리라

상처 씻는 강물의 시인이 되고 싶었으리라
산빛도 물빛도 꽃빛도 푸르러
그리움도 푸르러지는 그 물빛, 소리들,
모으고 모아 더러는 당신에게 보내드리고
더러는 내가 안고 살고 싶던 애달픔이
여울져가는 물길

강물에 속살을 적시며 살아온 사람들의 속내까지
말갛게 씻어 물안개로 피어오르는 그곳
발길을 멈추고 물굽이를 내려다보면
그 옛날 떠내려간 애달픈 사연들이
수줍은 얼굴로 말갛게 나를 바라보는 거기
매화꽃 향기에 여울지는 봄날의 서러움이 흐르고 있다

뒤돌아보면 아득한 기억의 저편
빛바랜 하현달이 강물 속으로 투신을 하던 시절
그때도 물들은 말없이 은빛 물고기와
어린 대나무들을 키우고 있었지
보름달도 제 뼈를 꺼내 강물에 씻으며
하염없는 물길을 따라 흐르던 기억의 비늘들
날을 세우면, 소리 없이 잦아들던 낙조 너머로
제 눈물 씻으며 흐르는 강
이제 내 가버린 젊음도, 흉터로 남은

상처 난 마음도 싸매주고 닦아주는 그리움 가득히
여울져 흐르다, 돌아서 다시 오는 윤회의 물목
섬진강은 새(新) 그리움을 잉태한 젊은 어머니이다
다시 돌아가 안기고픈 품안,
분 냄새 고운 어여쁜 내 어머니의 품이다

뺏기고 흩어진 내 사랑 모으고 모아 여울지며
휘모리로 흘러가는 그곳 섬진강,
돌아가 내 뼈를 누일 본향이다.

(2009. 06.)

생명의 환희
– 콩나무

도서관 제일 열람실을 지나 안내데스크와 연결되어 있는 내 방은 큰길과 마주하고 있어 창이 많은 편이다. 그 창가에 여름이면 아름답고 사랑스런 푸른 손의 손님들이 나를 찾아온다. 바람이 일 때마다 그들은 유리창에 얼굴을 부비며 내 방을 노크한다

“내가 여기 있어! 내말 들려?”라고 말하는 듯 고개를 쳐들고 내 방안을 들여다본다.

푸르고 싱그런 눈동자들! 사랑스럽고 기특하다. 나는 하루에도 몇 번 창문을 열고 내 방 창을 기웃거리는 푸른 얼굴들과 반갑게 인사를 나눈다 .

콩잎들이다. 가느다란 줄기에 많은 잎들을 피우고 보라색 꽃을 허리 가슴 등 곳곳에 달고 가파른 줄에 매달려 4층의 내 방 앞까지 올라온 반가운 손님들이다.

나를 보려고 4층의 높고 가파른 길을 목숨을 걸고 올라온 저 여린 얼굴들! 어찌 어여쁘다 아니할 수 있으랴! 장하고 기특하고 대견스럽지 아니하랴!

도서관 서가 위에 올려놓고 여러 사람들에게 자랑하고 싶도록 사랑스럽다.

넝쿨콩! 어리고 여린 잎들이 몸을 비틀며 연초록 손톱을 푸른 피로 물들이며 4층의 내 창문 앞까지 찾아와 준 어여쁜 손님! 저 작은 얼굴의 분홍빛 손톱들! 매어 놓은 가느다란 줄에 위태로이 몸을 기대고 창틀을 휘어잡고 기어이 내 창앞에까지 다다른 것이다.

아래층 주민센터 사무국장님이 직원들과 열심히 줄을 매는 모습을 보며 나는 의아했었다. "그 작은 콩이 어떻게 이 높은 5층까지 올라올 수 있겠어요? 2층도 못 올라오고 지쳐서 죽을 거예요."

공공건물이라 한 층 한 층의 높이가 일반 건축물에 비해 훨씬 더 높은 이 건물의 5층 높이까지 오르자면 적어도 20m 이상 올라야 할 게 아닌가.

저 작은 콩이 공해가 만수위인 이 도심에서 잎을 틔워 제 작은 목숨 부지하기도 힘겨울 텐데 저 가파른 줄을 20m를 오를 수 있단 말인가.

그러나 국장님은 빙그레 웃으시며 고개를 저으셨다. 5층 높이까지 너끈히 올라간다는 것이다.

나는 아무래도 그 말을 믿을 수가 없었다. 저 작은 콩 싹이 어찌 저 높이를 오를 수 있단 말인가.

그건 우리 인간의 턱없는 욕심이다. 나는 너무나 못 믿어져서 하루하루 출근 시마다 콩의 크기를 가늠하고 있었다. 그리고는 그 작은 콩에게 너무 많은 것을 요구하는 미련스러운 인간의 턱없는 욕심일 것 같아서 미안해지기까지 했다. 콩잎아 미안해! 우리 인간들은 무두가 다 이기적인 욕심쟁이들이란다. 키기 작아도 괜찮으니 잘 자라주기만 하면 돼!

그런데 이게 웬일이람! 그 작은 잎들이 줄기를 뻗으며 매어놓은 비닐밧줄을 온몸으로 감아가면서 줄을 타고 서서히 오르는 게 아닌가. 일층을 지나고 이층을 지나고 3층도 패스…….

히루하루 높이를 달리하며 오르는 그 연약하면서도 영악한 푸른 생명들을 보면서 가슴이 울렁거리기 시작했다. 그 끈기와 지치지 않는 용기에 숙연해지기까지 했다.

참으로 희한하고 경이로운 일이지 않은가.

잭의 콩나무라도 되는 양 그 작은 목숨들이 날마다 줄기를 더하고 새잎을 피우며 기를 쓰고 올라간다. 드디어 4층의 내 방 창문에 도착한 것이다.

"관장님! 내기를 걸 걸 그랬습니다." 주민센터 국장님은 해마다 콩을 심으셔서 그들의 끈질긴 생명력을 알고 있었던 것이다. 아 장하다! 내 어린 용감한 친구들이여! 작은 보랏빛 꽃을 피워 꿈을 키워가는 푸른 영혼의 정령들이여! 그대들의 어여쁜 삶, 숭고하고 자랑스럽고 사랑스럽다.

그 가늘고 작은 몸뚱이에서 수많은 손과 발을 돋게 해 이 살벌하고 삭막한 5층까지 무사히 도착하고 힘겨워하기는커녕 싱싱한 얼

굴로 나를 부르고 있단 말인가,

어찌 이리도 용감하고 끈기 있고 또 영악할 수 있단 말인가. 그 높은 높이를 오르면서도 그들은 시들거나 병든 떡잎 하나 만들지 않았다. 오로지 목표지점을 향해 옆도 뒤도 보지 않고 위만 향해 달려온 것이다. 쉬지 않고 손잡고 노래하며 열심히 물기를 빨아올려 잎을 피우고 꽃을 피우며 앞만 보고 달려온 것이다. 메마르고 척박한 땅에서 작은 생명이 일궈낸 생명의 환희, 저 아름답고 숭고한 얼굴들!

그들의 끈질긴 생명력과 무한한 용기와 신념앞에 나는 무릎을 꿇는다. 생명의 존엄함과 목표를 향해 달리는 책임감과 용기와 인내, 어느 곳에서도 어떤 상황에서도 결코 중단하지 않는 그들의 끈질긴 생명력을 배워야 하리라.

찌는 듯한 불볕더위가 아스팔트를 금세라도 녹여버릴 듯 기승이다. 지구 온난화 때문이라고 하니 어쩔 노릇인가.

이 불볕더위에 콩잎들도 늘어져 있다. 그러나 잠시뿐, 저들은 다시 생기를 찾고 모든 줄기와 잎새마다 새로운 생명력을 불어넣으며 싱싱하게 뻗어갈 것이다. 이 불볕더위에도 저들은 쉬지 않고 잎을 피우고 꽃을 피웠다.

붉은색과 보라색이 뒤섞인 꽃의 한옆에서는 납작한 열매를 무수히 달고 있다. 콩이다. 가을의 알찬 결실을 위해 저들은 자기들의 내면을 열심히 가꾸고 있었던 것이다.

저들은 나를 위해 이곳까지 올라온 게 아니라 그들의 삶의 연장선상을 열심히 걸어왔을 뿐이다.

너는 네 목숨을 밀어올린 게 아니라 우리들의 잃어버린 희망을 밀어올린 것이었구나!

너는 지금도 네 푸른 날개로 저 드높은 푸른 하늘을 날고 있구나.

사랑한다, 사랑한다, 장하고 아름다운 나의 작은 정령들이여!

(2008. 09)

윈저성으로 가는 길

– 이케다 다이사쿠 SGI 회장 사진전에 붙여

구름 한 점 없는 푸른 하늘 아래 한 가운데로 길이 뻗어 있고 그 길옆으로 잘 가꿔진 잔디와 풍성한 잎새를 단 과실수들이 자유롭게 도열해 있다.

푸른 잔디와 청록빛의 나뭇잎들이 뿜어내는 싱그럽고 푸른 호흡들이 가슴 가운데로 시원히 길을 내고 있는 길, 아스라이 하늘 가까이로 길은 이어지고 있다.

하늘 가까이 까지 닿을 것 같은 희망의 불티 같은 푸른 나무들이 아름답게 정열해 있는 푸른 길!

이 길은 대영제국의 별궁인 윈저성으로 가는 길이라고 한다.

템즈 강변을 끼고 새의 양 날개를 펼친 듯한 모습의 윈저 성은 가장 견고하게 세워진 역사 깊은 대영제국 왕실의 별궁이다. 처음엔 방어를 위해 세워졌던 성이니 만치 견고하고 육중하기 이를 데 없다. 세계 최고의 역사와 부와 권위를 자랑하는 유서 깊은 대영제국왕실의 별궁인 윈저성은 세계의 정복왕 윌리엄 1세에서 시작하여 지금의 여왕 엘리자베스2세가 대부분의 주말을 이곳에서 보낸다는 가장 사랑받는 유서 깊은 왕궁이다.

로얄 타운이라 불리는 이 성채를 둘러싼 마을마저도 위엄이 서려 있는 왕실의 권위와 그에 맞는 위용을 자랑하는 윈저성! 가장 오랫동안 왕실과 역사와 운명을 같이하며 이곳을 지켜온 아름답고 고색창연한 성채다.

왕족이나 귀족이 아닌 일반인은 감히 근접하기도 어려웠을 왕궁으로 가는 이 길이 이처럼 평화롭고 한적한 느낌이 들 정도로 화평해 보이는 것은 무엇 때문일까.

작가가 우리에게 보여주려 했던 이 길이 보여주는 화평과 평화로움! 작가의 눈이 하늘의 흰 구름처럼 맑고 화평하였기 때문일까.

넓고 길게 하염없이 뻗어 간 이 아름다운 길 넘어 멀지 않은 곳에 윈저성은 그 위용을 자랑하며 서 있을 것이다.

해가 지지 않는 나라 대영제국의 가장 권위 있는 화려하고 오래된 왕궁!

실로 영국은 해가 지지 않을 만치 세계 여러 곳을 정복한 나라다.

평화와는 그리 친숙한 코드가 아니다.

해가 지지 않을 만치 세계도처에서 전쟁에 여일이 없던 대영제국의 권위와 위엄을 상징하는 호화롭고 거창한 왕궁으로 통하는 이 길에서 찾아낸 이 조용하고 화평한 기운은 도대체 어디서 뿜어져오는 것일까.

근엄함과 권위만이 팽배했을 이 길에서 작가가 찾아낸 평화의 순간!

이 아이러니를 어찌 설명해야 한단 말인가.

물론 작가는 윈저 성을 찍은 것은 아니다. 그 길로 들어가는 한적한 길을 주목했을 뿐이다. 사진이 보여주는 저 아름답고 평화로운 길, 그곳엔 사랑이 있고 희망이 있다.

실로 세상의 아름다움과 평화를 찾아 나선 특별한 심미안이 아니고는 도저히 포착해 내지 못할 순간이고 분위기다.

그의 렌즈가 들이대는 초점에는 세상을 향한 평화와 애정이 묻어난다.

이 역사 깊은 성채를 보기 위해 도처에서 모여든 관광객이 수없이 모여드는 영국이 자랑하는 아름다운 이 길로 얼마나 많은 사람들이 꿈과 희망을 품고 걸어 갔을까.

너무나 목가적이고 아름답다. 평화롭다. 나도 연인과 어깨를 맞대고 저 아스라한 길을 걸어서 어딘가로 가고 싶다.

이케다 다이사쿠! 그는 분명 평화의 사도다.

그의 눈이 머무는 곳, 그의 카메라가 포커스를 맞추는 곳에는 사랑이 있고 평화가 있다. 화평이 있다. 생명의 외경스러움과 그 광휘가 서려있다. 사랑과 양보와 용서가 있다.

삶은 존엄함이다 자유와 희망, 그 순결함이고 아름다움이다.

그의 눈에 비친 풍경들, 꽃과 나무와 바다와 산맥들…….

저 광대한 록키산의 연봉들, 안데스와 알프스의 눈 덮인 영봉들, 지구의 최고봉인 히말라야의 거대하고 눈부신 준령들!

눈 덮인 산맥들이, 아름다운 꽃들이, 나무들이, 강물과 바다가 뿜어내는 지구의 숨소리가 들려온다. 생명의 외경 스러움과 자연의 광휘를 뿜어내는 눈부신 그의 화폭들!

그 크고 넓은 화폭에서 나는 사랑과 평화를 외치는 한 거인의 푸른 숨소리를 듣는다. 더운 숨소리가 산을 넘고 강을 건너 우리들 가슴으로 전해져 온다. 평화는 우리의 수고로움이 있어야 지켜지는 소중한 노획물이다.

그의 큰 발걸음이 머무는 곳마다 크고 작은 생명들이 삶의 광휘를 노래하리라.

사랑과 평화의 사도! 끊어진 다리를 세우고 막힌 물고를 트는 그의 발걸음이 질시와 반목으로 상처받은 세상을 치유하고 지켜내리라.

사랑과 평화를 심어가는 사랑의 지킴이 이케다 다이사쿠!

그가 응시하는 카메라 초점이 신음하는 이 지구를 치유하는 발광체임을 본다.

(2011. 02. 15.)

돌의 기억

여행을 좋아하는 나는 여행 시 좀 별난 버릇이 하나 있다. 가는 곳마다 그곳의 작은 돌멩이 하나를 꿍쳐오는 버릇이다. 그리고는 돌 뒤에 채석한 지명과 날짜를 기록한다. 돌의 이름표이다.

수석을 하는 사람들처럼 잘나고 빼어난 돌을 가져오는 게 아니라 그냥 손안에 들어오는 매끈한 작은 돌멩이 하나를 가져오는 것이다.

이 별난 버릇은 내 생애를 통하여 이제껏 지켜졌고 앞으로도 지켜질 것 같다.

이건 까만 몽돌이 해안 가득 한없이 깔려있던 보길도해안, 이건 설악산 울산바위, 이건 해운대, 이건 경주 이건 바다가 넘치듯 달려들던 해남 땅끝 마을. 이건 이집트, 이건 이스탄불, 이건 에베소, 이건 그리스…. 이렇게 올망졸망한 돌들을 한곳에 모아놓고 가끔 뒤적여보는 재미는 쏠쏠하다.

그들은 내가 적적해할 때면 조용히 말을 걸어온다. 여행지에서의 첫 상면을 기억해 내는 양 그들의 얘기는 다정한 산골의 물소리처럼 낭낭하고 순절하다.

바닷가에서 주워온 돌들은 모래톱을 스치는 파도 소리로 다가온다.

산에서 가져온 돌들은 솔바람 소리로 잠을 잔다. 솔바람 소리로, 혹은 파도 소리로, 자기들만의 고유한 고향의 언어로 나를 깨우는 돌들! 그들의 영혼은 시공을 넘나들며 항상 자유하다. 나도 그들을 닮아 자유로이 그들의 고향과 여행에서의 일들을 기억해내며 흐뭇해진다.

나는 가끔 돌에 물을 준다, 돌에 덮인 먼지를 씻어내기 위한 방편이기도 하지만 난 그들에게 목욕을 시키고 있다고 생각한다. 내가 그들에게 이름표를 붙여주고 생명을 부여했듯이 태생이 물이었을 그들의 갈증을 예감하기 때문이다. 어쩌면 짙은 향수에 젖어 있을지도 모르는 그들을 위해 내가 드리는 축도다.

여행을 기념하기 위해 사왔던 각가지 기념품들은 처음엔 애지중지하지만 시간이 흐르면 관리가 소홀 해져서 어디론지 가버리고 잊어지는데 유독 이 돌멩이들만은 달라는 사람도 없고 장소를 크게 차지하지도 않는다. 내가 놓아둔 넓은 접시 안에 조용히 앉아서 투정 한번 없이 나를 기다려 준다.

얼마나 미더운 친구들인가.

"태평양을 메울 수는 있어도 한 인간의 욕망을 충족시킬 수는 없다." 하시던 옛 어른의 말씀대로 마음 같아서야 나무며 돌이며 물 좋고 산 좋은 풍광들을 통째로 끌어다 앞마당에 들여놓고 들명날명 즐기고 싶지 않은 사람이 어디 있을까.

나도 한때 공연한 욕망과 턱없는 집착에 허우적거리던 시절이 있지 않았던가. 지금이라고 크게 나아진 것도 없지만 그래도 이제는 거듭된 실패를 바탕으로 제법 체념할 줄도 알게 된 것은 내 영혼의 큰 수확이라고 생각한다.

나 같은 속물을 이나마 늦게라도 버르장머리를 고쳐주신 걸 보면 신은 참으로 공의로우심에 틀림없으신 것 같다. 큰 욕심내지 않고 이렇듯 작은 돌멩이 하나로도 자족할 줄 아는 나를 하나님께서 내려다보시고 웃으실까 바보라고 꾸짖으실까.

이제는 가세가 줄어 큰 바위나 잘난 나무들을 들여놓을 넓은 공간도 없고 나 또한 나이 들어 그런 큰 물건들을 거느릴 자신도 없어졌다. 그러면서도 나는 왜 아직도 쓸데없는 돌 욕심이 많은지 어디서든 잘생긴 돌을 보면 갖고 싶어진다. 세상적인 욕심에 이제 좀 둔해진 내가 아직도 버리지 못하는 욕심중의 하나가 돌이나 나무 같은 자연이다. 이 맹하고 턱없는 욕심을 버려야 하는데 나이 든 지금도 그 버릇을 못 버리고 애면글면 속을 앓는 편이다. 비우고 비워내야만 다시 채울 수 있다는 성현의 말씀을 입으로는 지줄대면서도 이제껏 그런 작은 욕심 하나를 못 버리는 나는 얼마나 한심한 위인인가.

돌, 그 단단한 모양새로, 변하지 않고 변화되지 않는 돌!

태초에 우주가 탄생되던 빅뱅이나 화산의 폭발로부터 빙하기를 거쳐 오늘에 이르기 위해 온갖 굴곡과 고통을 참아내며 수천수만 날 모진 세월의 소용들이 속을 어찌 견디며 목숨을 부지해 왔을까. 고집스런 자기만의 모양새와 정체성을 갖기 위해, 그 단단한 내면을 채우느라 얼마나 많은 시간을 인내하며 표피를 깎아내는 고통을 참아 왔을까. 바람과 눈 비 속에 형과 색을 지워가며 오롯이 남은 목숨! 어찌 장하지 않으리! 우리들의 삶이 험난하고 힘이 들다 한들 이 작은 돌들이 겪어온 시련의 이력에 비한다면 얼마나 하찮은 일이던가.

난 그들의 눈물과 그리움과 한숨을 만난다. 그들을 매만지며 그들의 숨소리와 체온을 느낀다. 바람과 파도와 강물에 몸을 내맡기고 인내로 채워온 내면을 들여다본다. 얼마나 더 깎여지고 밟히고 길들여져야 멈출 수 있는 고통일까. 원망하지 않고 하늘의 순리대로 순응하며 오직 인내와 절제로 살아온 순절한 돌들에게 한없는 찬사와 다함없는 헌사를 바친다.

오랜 세월 침묵과 인고로 뭉친 결정체여서일까.

돌은 또한 자기가 처한 주변과 잘 어울리는 어울림의 명수이기도 하다.

돌은 어디에 어떻게 두어도 금세 그들과 어울려 자기의 몫을 해낸다.

언제 어디서든 무엇 하나 따지지 않고 잘 어울린다. 산속에 묻혀있어도 그 산세나 모양새를 넉넉하게 잘도 꾸며준다. 물에 누워 있어도 물과 어울리며 나무 곁에 있으면 나무와도 잘 어울린다. 언제 어디서건 자기 몫을 넘치게 해내고도 잘난 체 하거나 나서지 않는다. 세상에 이만한 군자가 또 어디 있겠는가.

크면 큰 대로 작으면 작은 대로 돌은 자기를 크게 드러내지 않으면서도 주변을 빛내준다.

설악이나 금강산 같은 빼어난 산에서 바위가 없다면 얼마나 밋밋할까를 상상해보라!

그들은 산이 아니라 들에 누워도 물에 누워도 아름답다. 화양계곡이나 불영계곡의 바위들이 물속에 누워 물들과 자아내는 형상과 화음을 들어보라! 그 의젓하고 멋진 모양새를 바라보라! 얼마나 옆자리를 빛내주며 그들을 품어주며 받쳐주며 지켜주면서도 얼마나 여유롭고 그윽한가를…….

채워서 완전한 자만이 베풀 수 있는 여유로움이다. 나를 낮추고 남에게 스며들어 그들을 빛내주는 조역의 역할을 기꺼이 받아들이는 돌의 자세! 참으로 군자의 풍모가 아닐 수 없다.

중국의 황산이나, 장가계, 원가계, 무이계곡의 아름답고 잘난 바위가 아니어도 금강산이나 설악의 기암괴석이 아니어도 그들은 넉넉히 멋이 있고 운치가 있어 그윽하다.

난 그들에게서 변함없는 인내와 기다림을 배운다. 양보와 고요를 배우고 외로움을 배우고 초연함을 배운다. 또한 그들은 나에게 한없는 그리움을 가르친다.

인류의 역사와 문화에 돌을 빼놓고 이야기할 수 없다.

위로는 저 멀리 고인돌에서부터 고대의 이집트 문명을 필두로 남아 있는 문화유산 중 돌로 이루어진 게 어디 한두 가지인가.

우리 먼 조상들의 숨소리, 그 원시의 바람소리가 들려오는 저 고인돌로부터 인류문화유산 제1호인 파르테논신전도 돌로 이루어진 아름답고 신비로운 신전이다. 이집트의 카르낙 신전이나 스핑크스를 비롯한 많은 조형물들, 아부심벨, 합셉수트여왕의 장제전 같은 빛나는 유산들이 돌로 이루어진 건축물이기에 수천 년을 견디어 그 옛날을 우리에게 말해주며 자랑으로 남아 있지 않은가. 잉카인들이 남겨 논 마추픽추의 아름다운 도시도 물론 페트라 같은 유적들도 돌로 이루어졌다.

"내 벗이 몇인가 하니 수석과 송죽이라…." 조선의 시인 윤선도는 노래했다. 물과 돌과 소나무와 대나무와 달을 노래한 <오우가>의 멋스런 풍류가 아니어도 돌은 이미 우리와 가까이에 있다.

우리들 유년의 등굣길, 시냇물을 건너는 징검다리가 돼 주었고 동네 아낙들의 빨래터로 등판을 내주었고 어린 날 소꿉장난할 때 따듯한 밥상이 돼주었다. 그뿐이랴! 인간의 염원을 담은 석불이나 석탑들이 또한 그러하지 아니한가. 절마당의 석탑이나 석등들이 보여주는 그윽한 향기! 사찰의 의식 때 아낙네들이 불경을 머리에 이고 석탑을 도는 광경 또한 참으로 미려하고 그윽하다. 오랜 세월을 말없이 견뎌온 돌탑과 어울리는 그 여여한 아름다움, 그 초연한 여유와 품위로움을 좋아한다.

우리 인류는 동서를 막론하고 돌에 많은 염원을 담아왔다. 서방의 빛나는 신전들, 조각상이나 예술품들이 그렇고 동東으로도 탑이 그렇고 마애불이 그렇다. 아름답고 견고한 신전을 지어 신에게 바친 역사 속의 서구인들이나 여여불변한 돌탑을 세우고 바위에 부처를 새겨 치성을 드린 우리 조상들의 안목과 슬기를 어찌 아름답다 아니할 수 있으랴!

수많은 세월 저들은 자기의 속내를 말하지 않았다. 침묵으로 인내하며 기다림을 익혀왔다. 많은 시간을 침묵으로 견디며 긴긴 기다림의 세월을 인내해온 저 돌에게서 온전한 그리움을 배우고 온전한 기다림을 배워야 하리라. 한 치의 흔들림도 없이 한 생애를 굳건히 지켜온 단단한 돌처럼 나도 변함없고 당당한 옹골찬 기개로 한생을 마감하고 싶다.

(2007. 10.)

선한 협객의 뒷모습
–송수권의 강

이 겨울에
저무는 들녘에 혼자 서서

단호한 믿음 하나로 이마를 번득이며
숫돌에 칼을 가는 놈이 있다

제 섰던 자리
벌판을 두 동강 내어
어슬어슬 황혼 속을 걸어가는 놈이 있다

보아라 저 방랑의 검객
한 굽이 검돌면서 모래톱을 만들고
또 한 굽이 감돌면서 모래밭을 만드는 것은/ 힘이다

누가 저 유연한 힘의 가락 다시 꺾을 수 있느냐
누가 저 유연한 힘의 노래 다시 부를 수 있느냐

우리는 어느 산굽이
또 한 바다에 펴런 굽이 설 때까지
흐득흐득 지는 잎새로나 숨어

유유히 황혼 속을 사라지는
저 검객의 뒷모습이나 지켜볼 일이다

나는 송수권 시인의 <강>이라는 이 시를 좋아한다. 들판을 가로질러 흘러가는 겨울 강을 멋지고 의리 있는 야성의 한 검객으로 의인화한 이 시는 읽는 이들의 가슴을 후련케 한다. 노자의 상선약수를 연상케 하는 멋진 시다.

단호한 믿음 하나로 이마를 번득이며
숫돌에 칼을 가는 놈이 있다
제 섰던 자리
벌판을 두 동강 내어
어슬어슬 황혼 속을 걸어가는 놈이 있다

보아라 저 방랑의 검객
한 굽이 검돌면서 모래톱을 만들고
또 한 굽이 감돌면서 모래밭을 만드는 것은
힘이다

....

'겨울들판을 흘러가는 강물을,' 이마를 번득이며 숫돌에 칼을 가는 한 검객으로 치환하는 그의 시적 능력은 놀랍다 못해 부럽다. 그리하여 그 검은 옷의 남정은 끝내 벌판을 두 동강 내고 한 굽이 돌아가며 모래톱을 만들고. 또 한 굽이 돌아가며 모래밭을 만든다. 그 큰 검객의 힘! 어찌 노자의 시구에 비견되지 않으랴!

어찌 큰 가슴 큰 힘의 시인이 아니랴!

송수권 시인! 나는 그의 이름을 떠 올리면 가슴이 따뜻해온다.

내가 송수권 시인을 잘 알아서도 아니고 특히 그를 존경해서도 아니다.

그가 가슴 아리는 우리들의 애송시 <산문에 기대어>의 작자라는 것과, 순천대학 문창과 교수를 역임한 그의 지난했던 과거사에 연민을 두어서도 아니다.

그의 시가 좋고 그의 가슴과 그의 의식이 크고 따뜻하고 시인답기 때문이다.

하늘을 우러러 부끄럼 없는 시인이 과연 몇이나 될까.

대한민국의 시인 중에 진실로 시인다운 시인이 누구일까,

나는 망설임 없이 송수권 시인을 들고 싶다. 그의 시가 깊고 넓고 진실하고 정직하고 따뜻하고 아름다워서이다. 그의 가슴이 그

의 눈길이 그의 영혼이 진정 시인답다고 생각되기 때문이다. 그는 삶의 본질, 그 영혼속에서 온전한 혼의 삶으로 우리 곁에 다가온 진정한 시인이기 때문이다.

대한민국의 시인들이 시를 써서 밥을 먹는다는 것은 언감생심이다. 문학이 눈물 없이 안 된다지만, 시인의 지난했던 삶들이 새삼 눈물겨웠던 순간이 있었다.

2003년 <아내의 맨발1－연엽蓮葉 에게>는 송시인의 아내가 교통사고로 여의도 성모병원 침상에서 사경을 헤매고 있을 때 아내에게 보내는 피맺힌 그의 연서다.

시인이 병상의 아내에게 바치는 절절한 이 시를 보고 비단 시인들만 눈물을 흘렸으랴!

시를 사랑하고 가슴이 따뜻한 사람들은 아니, 시를 모르는 사람이어도 이 시를 읽으며 하염없이 눈가가 젖어 왔으리라.

…….

발아 발아 까치마늘 같던 발아!
蓮 잎새 맑은 이슬에 씻긴 발아
지금은 진흙밭 삭은 잎새 다 된 발아!
말굽쇠 같은 발, 무쇠솥 같은 발아
잠든 네 발바닥을 핥으며 이 밤은
캄캄한 뻘밭을 내가 헤매며 운다　　　－<아내의 맨발> 일부

젊은 시절 까치마늘같이 어여쁘고 연잎같이 가녀리던 발은

시인의 아내로 살아오며 늦가을의 연잎같이 다 삭아 말굽쇠가 되었고 무쇠솥같이 변해 버렸다.

이불 밖으로 삐져나온 그 무쇠솥 같은 아내의 발을 보고 가슴을 치며 눈물로 쓴 시 <아내의 맨발>.

똥장군을 져서 자기 남편을 교수로 만든 여인, 발이 말발굽이 되도록 농사를 지어서 남편을 교수로 만든 아름다운 여인 김연엽!

바로 송 시인의 아내다.

그런 송 시인의 아내 김연엽님이 교통사고를 당해 과다출혈로 생사를 헤매고 있을 때 그녀를 싣고 온 의경들의 자발적인 헌혈로 목숨을 건질 수 있었다고 한다.

시인은 아내를 위급상황에서 살려낸 의경들의 상사인 경찰청장에게 진심 어린 감사의 편지를 보냈다. 그러나 백혈병을 앓고 있던 그녀는 골수이식을 받아야만 온전히 생명을 건질 수 있는 생사의 기로에 서 있었다.

그러나 2억 원이 훨씬 넘는 수술비를 감당할 길이 없는 집안사정을 잘 아는 그녀는 한사코 수술을 거부하고 남편은 수술을 받지 않고 그녀가 죽으면 자기는 다시는 시를 쓰지 않겠다는 단호한 주장으로 맞섰다. 그런 진심 어린 아내사랑의 진정이 그녀를 구해낼 수 있었다.

아 대한민국의 시인이여, 진정 아름답고 거룩하도다.

제3부

차를 마시며

차를 마시며

풍성했던 가을 들판이 비어가고 찬바람이 우수수 나뭇잎을 날리는 계절이면 누구나 한 번쯤은 가슴 쓸어내리는 회한, 그 쓸쓸한 적막감에 마음을 상하지 않는 사람은 없으리라. 우리들의 곁을 채워주던 햇빛과 바람, 빛나던 숲과 비림과 하늘, 이름 없는 풀벌레들!

짧았던 한 생애를 마감하고 모두들 돌아간 텅 빈 벌! 그 황막한 벌판에 마른 풀잎들이 날리는 스산한 가을날 무심코 뒤돌아본 빛바랜 기억들…….

곱게 물든 낙엽들이 발밑을 뒹구는 인적 드문 거리를 하염없이 걸었던 기억이 나 눈 내리는 겨울 밤 한가로이 벽난로에 불을 지피고 장작불 타들어가는 소리를 들으며 인생을 얘기하던 아름다운 기억들, 이런 아련한 기억들이 그리워질 때면 으레 향기로운 차 한 잔이 생각나기 마련이다.

따스하면서도 정갈하도록 고운 차 빛이 주는 아늑함.

아亞자형 창호지 문창살 사이로 비춰지는 조용한 여인의 모습처럼 단아하고 포근하게 다가오는 얼굴, 차는 아련한 달빛 속을 걸어서 온 정인情人임에 틀림없다.

"기다리는 법을 배우려 차를 마십니다.

차의 쓴맛, 떫은 맛, 비린 맛을 알고 나서야 비로소 차의 참 맛인 향기로움을 알 수 있습니다."

차茶는 바쁘게만 돌아가는 메마른 우리들 삶에 향기를 더해준다.

그렇다. 기다림을 익히느라 차를 마신다.

누군가를 기다리며, 누군가를 그리워하며 우리는 차를 마신다.

물을 덮이고 다구茶具들을 하나하나 정성들여 챙기며 차를 준비하는 과정은 차를 마시는 순간만큼이나 향기롭다. 뜨겁지도 차지도 않은 맑은 물에서 우러나온 엷은 황녹빛의 차가 주는 여유와 안온함, 그리고 은은한 향기.

다호茶壺에서 우려내 다완에 채워지는 색의 고요, 그윽한 향의 여운은 청자의 푸른 살결, 그 비색을 입고 온 옛적의 여인이기도 하다. 대나무 숲 스치는 소리와, 설중매의 싸늘한 향내음을 지니고 자작나무 숲길을 푸른 바람소리로 온 여인, 그 향기로운 그림자이다.

이것은 우리 민족의 기저 깊숙히 자리한 깊고 서늘한 선비의 기개요, 범접할 수 없는 멋과 풍류, 그 아름다움이다.

차茶가 우리에게 주는 훈훈함을 어찌 다 말로 이를 수 있을까.

차를 마시고 났을 때 입안에 남는 향훈, 그 은은한 향기로움을 좋아해서 나는 차를 마신다. 차가 주는 행복한 고요가 좋아서 나는 차를 마신다.

슬플 때도 기쁠 때도 위안이고 친구이고 연인이고 그리움이다

깊은 겨울밤 싸락눈 내리는 소리를 들으며 벽난로에 소나무 장작을 지피고 타들어 가는 불길을 바라보며 한 잔의 차를 마시노라면 타들어 가는 소나무의 향과 어우러지는 차의 향취는 온갖 시름을 잊게 해주는 정인情人임에 틀림없다.

우리의 옛 어른들은 찻장 안에 고이 싸 두었던 침향목으로 손에 향기를 묻힌 후 차를 달였다지만 그런 호사가 아니라도 자기가 좋아하는 다기茶器에 차를 달여 손님을 대접하거나 마시는 즐거움은 정적인 우리 동양인에게는 삶의 가장 정돈된 행복임에 틀림 없으리라. 더구나 글을 쓰는 우리들에게랴…….

나는 젊은 시절 그렇게 차를 배웠다. 전각을 하시는 청사 안광석 선생님은 학鶴같은 풍모를 지니신 분이셨다. 차의 근세사를 논할 때 그의 족적은 실로 크다 하지 않을 수 없는 분이시다.

선생님께서 예지원에서 많은 차인을 양성하시고 그 일을 그만두신 후에도 전각을 하시는 틈틈이 지인이나 후학들에게 차의 예법을 가르치신 것은 그의 문하라면 누구나 지금도 그리워하는

일이다. 80 가까운 연세에 흰머리, 티 한점 없는 곱고 흰 피부 옆은 옥색 한복에 반가부좌를 하시고 차를 드시는 모습을 뵈면 흡사 천상에서 학이 내려와 앉아 계신 듯 착각할 때가 있을 정도로 품위롭고 고아하시다.

선생님께서는 다도茶道라는 말을 쓰는 걸 좋아하지 않으셨다. 그냥 예禮일 뿐, 차를 마시는 데까지 도를 붙이는 건 소인배 기질인 일본인들의 취향이며 그들이 만들어낸 호칭이라 가르치셨다. 작은 일 하나에도 도道자 붙이기를 좋아하는 소인배인 일본인들의 말일 뿐 절대로 차는 우리 선비들의 생활의 일부였을 뿐 도道는 아니라는 선생님의 논리에 나는 동조한다.

그 후에도 나는 차를 하시는 높으신 스님이나 다인들을 보아왔지만 차에 관한 한 청사 선생님은 아직도 내 그리움이시다.

연꽃으로 유명한 아산 인취사의 혜민스님과 원효정사의 주지스님이신 원효스님 같으신 차의 대가들도 내가 존경하고 그리워하는 분들이다. 특히 천안 원효정사의 주지스님은 일제 시時 민족지사들의 은둔지로 이름 높던 옛 다솔사 주인이시고 ≪한국다도≫를 편찬하여 우리 다도사를 새롭게 정리하신 효당 최범술님의 후손으로 차의 달인이시다.

효당(최범술의 호)의 족적이야 크고 높아서 나 같은 범인들이 논하기에는 역부족이고 무례한 일이겠으나 그가 초의선사 이후 우리나라의 차의 이론을 정립하고 다솔사에 차밭을 만들어 직접 반야차를 제다하시고 많은 차인들을 양성해낸 차의 대중화에 기여한 공로는 참으로 지대한 것이다.

효당과 쌍벽을 이루는 동시대의 예인인 의재 허백련도 무등산에서 차를 재배하여 춘설이란 이름 높은 차를 만들어 후학들과 주변의 많은 지인들에게까지 차 문화의 보급에 크게 기여하였음은 주지의 사실이다. 남종화의 대를 이어가는 그의 화실 춘설헌에는 후학은 물론 많은 시인묵객들의 발길이 잦던 곳으로 차를 마시며 역사와 예술을 논하던 정신문화의 산실이었음은 지금도 회자되는 자랑거리가 아닐 수 없다. 그리하여 그의 문하를 거쳐 온 화가들이 작금의 한국화의 화단을 주름잡고 있음도 자랑거리이리라.

문화란 이렇듯 누군가의 땀과 눈물이 진하게 녹아 있을 때 그 전통이 이어지고 계승 발전해가는 것이리라.

효당 선생의 속가의 혈육으로 손주 되시는 원효스님의 방에 가면 참 근사한 찻상이나 다구茶具들이 내 부러움을 산다. 절간의 스님이시라기보다는 속가의 정 많은 멋지고 수려한 용모의 스님께서는 승명 또한 원효이신 진정 원효의 대승사상을 그대로 갖추신 어른이시다.

대개의 절 집의 법도는 일반신도가 큰스님을 뵈려면 삼배를 올리고 좌정을 하는 게 통례인데 스님은 굳이 그걸 마다신다. "절은 무슨 절!" 정색을 하시며 그냥 앉기를 권하신다.

어느 날 스님과 차를 마시며 환담 중 동리 선생님의 글 중에

효당님을 회고하신 수상 한 편이 실린 책을 내가 갖고 있다 하니 당장 보고 싶다 하시어 며칠 후 짬을 내어 갖다 드렸다.

반색이시다. 나는 스님께서 손수 달여 주시는 차를 마시고 일어서자니 굳이 저녁 공양을 권하신다. 오늘 마침 상좌스님도 출타 중이고 예불 중인 보살들만 몇 보일 뿐 절은 한적했다.

스님의 말씀을 거역할 수도 없어 저녁공양이 끝나고 잠시 환담을 하다가 길을 나서니 이미 밖은 어두워져 있었다. 큰길까지 가자면 한참을 걸어야 하는데 겁이 덜컥 났다.

그렇다고 공양주 아주머니께 큰길까지 동행해 달라고 할 수도 없고 구두끈을 천천히 매면서 어쩌나 어쩌나 길눈이, 특히 밤눈이 어두운 내가 아무래도 한참을 헤메야 되겠구나 싶어 속으로 조바심을 하면서도 내색할 수가 없어 스님께 "올라가겠습니다." 하직인사를 올렸다.

스님은 내 인사를 받을 생각이 없으신 듯 엷은 회색빛 가디건 수웨터를 걸치고 나오셨다.

"아무래도 내가 큰길까지 배웅해 줘야겠구먼." 앞장을 서신다.

내가 무서워하는 속내를 먼저 감지하신 것이다.

스님의 크신 키가 달빛에 그림자를 끌며 몇 행보 앞서 걸어가신다. 스님이 발자욱을 떼실 때마다 그림자는 휘청이 듯 흔들리신다. 스님은 아무 말씀도 없이 성큼성큼 걸어서 동네 골목길을 지나시면서도 내가 제대로 따라오고 있는지 가끔 뒤를 돌아보시며 앞서 가신다. 달빛이 너무 아름다웠다

달빛과 밤의 정적이 가져오는 말할 수 없는 서정 어린 풍경

들 잎 떨군 감나무가지가 그림자를 던지는 시골 마당, 비단실을 펼친 듯 아름다운 달빛 아래 스님은 내 자동차 옆, 느티나무 아래 걸음을 멈추셨다.

달은 이미 중천을 향해 솟아오르고 달빛이 온 누리를 비단실로 휘감은 듯 교교하다.

“시인 보살아! 저 하늘의 달을 좀 바라보거래이.” 스님이 가리키는 하늘에 둥근 보름달이 환하게 웃고 있었다. “네, 스님. 달이 참 밝네요.” 나는 무심코 스님 말씀에 대답을 하다가 하염없이 달을 쳐다보고 계시는 연로하신 스님을 바라보며 울컥 목이 메이는 듯 했다.

돌아서 계신 스님의 표정을 읽지는 못했지만 분명 스님의 눈가에 이슬이 맺혀 있을 것 같은 예감이 들었다. 스님은 고개를 돌리지 않은 채, “참 아름다운 밤이구나! 우리 시인 보살은 어서 떠나거래이. 나는 저 달이 기우는 걸 보고 들어 갈란다.”

중천에 높이 뜬 환한 보름달을 좀 바라보다 헤어지자며 내 옷깃을 손수 여며주시던 너무나, 너무나 인간적인 풍모를 지닌 큰스님을 나는 지금도 차를 들 때마다 생각하곤 한다. 골목을 돌아 나와 뒤를 돌아보니 아직도 손을 흔들고 서 계시던 스님!.

달빛 아래 스님의 크신 그림자가 휘청거리며 일렁이는 듯하다.

나도 차를 세운 채 한동안 스님을 바라보며 차를 돌리지 못하고 있었다.

사람 사는 일 불가와 속가와 뭐 크게 다른 게 있으랴!

먹고 입고 사는 법이야 다르겠지만 생각하고 느끼고 지향하는 일 거기가 거기 아닐까. 중천에 높이 뜬 달을 보며 못내 작별을 아쉬워하시던 스님의 크신 그림자가 저만치 달빛에 어른거리고 있는 듯하다.

차와 침향목

어느 날, 불교계의 잡지를 뒤적이다 가끔 들어 알고 있던 유명하신 스님의 글 한 편을 재미있게 읽었다. 내용인즉 자기와 차에 얽힌 인연을 담담하게 담아 낸 비교적 짧은 글인데 어찌나 재미있던지 혼자서 배를 잡고 웃었다. 지금은 불교계의 영향력 있는 큰스님이 되셨고 이름 높으신 다인茶人으로 이름을 떨치고 계시지만, 불교에 입문한 지 얼마 안 되는 풋내기 스님 시절의 실수기였다.

진정한 불자가 되려 시퍼렇게 칼을 갈던 입산한 지 얼마 되지 않은 시기, 모시던 스님께서 아주 된 몸살감기에 걸리셨단다. 감기몸살이 어찌나 독하던지 노스님이 말씀도 못하시고 끙끙 앓으시는데 어찌해야 할지 방법이 묘연했다. 약은 없고 섬의 산골이라 인가도 없고 그리고 바다를 건너야 약을 살 수 있기 때문에 속만 탈 뿐 속수무책이었다. 그런데 절에 가끔 기도하러 오는 안면

이 있는 여신도 한 분이 말하기를 지난 동안거 때 감기 걸린 스님들이 찬장에서 무슨 약을 달여서 마시는 걸 보았는데 금방 나으시더라며 혹시 그게 몸에 좋은 약인지도 모르니 찾아보라는 것이었다.

그러면 그렇겠지. 사람 사는 곳인데… 부리나케 부엌으로 가서 찬장을 뒤져보니 찬장 깊숙한 한구석에 길쭉한 통에 푸르스름한 말린 작은 풀잎새 같은 게 반통이나 있더란다. 그러면그렇지, 궁즉 통이라고 이거다 싶어 냄비에 다 쏟아 붓고 한 시간여를 푹 달여서 베보자기에 넣고 정성껏 짜서 그 약물을 스님께 바쳤단다. 스님께서 그 약을 드시고는 무슨 약이 이렇게 쓴고…. 하시면서 물으셔서 이러이러 합니다. 이실직고를 하니 노스님께서 너무 어이가 없어 허허 웃으시더란다. 큰스님 공부하실 때 드리려고 아껴 두는 그 아까운 차를…. 쯧쯧쯧 하며 혀를 차시더란다. 스님들이 정진하시면서 조금씩 아껴 드시는 귀한 차를 몽땅 쏟아 붓고 불을 지펴 푹푹 달였으니…….

그 후로 그 철없던 상좌 스님께서는 불교계의 이름 높은 스님으로 거듭나셨고 차를 즐기시는 다인이 되셨음은 말할 나위가 없다.

가끔 차를 마시면서 나는 그때 그 스님의 가감없이 솔직하게 쓰신 그 차약茶藥을 생각하곤 혼자 웃을 때가 있다. 절집 생활에 채 익숙지 못한 젊은 스님의 솔직한 실수담이 너무 솔직해서 재미있고 아름답게 생각되어서이다.

뉘라서 참다운 차茶맛을 알리요

달콤한 잎 우박과 싸우고
삼동三冬에도
청정淸淨한 흰 꽃은 서리를 맞아도
늦가을 경치를 빛나게 하나니
선경仙境에 사는
신선神仙의 살빛 같이도 깨끗하고
염부단금閻浮檀金같이
향기롭고도 아름다워라

윗 글은 초의선사草衣禪師의 동다송東茶頌 7수 중의 하나인 차 맛에 관한 부분이다.

차에 대한 절절한 칭송과 애정이 담긴 시詩, 어찌 아름답다 아니하랴.

동다송은 조선 후기의 고승이며 다도의 명인인 초의(草依: 본명 張意恂)가 시로써 다도를 설명한 글이다. 동다송은 글자 그대로는 東國(조선)의 차에 대한 노래라는 뜻. 중국 당나라의 육우陸羽가 지은 유명한 중국의 다도茶道의 경전 격이라 할 다경茶經에 겨룰 만한 7언 절구로 읊은 차에 대한 찬가이다.

초의선사께서는 정조대왕의 외동 사위인 홍현주의 우리 차에 대한 질문에 대답으로 동다송을 지었다고 한다. 그는 송頌의 뜻은 그 뜻을 찬송하고 펼치며 핵심을 가려뽑아 원류에 소통케 하는 것이다. 라고 명쾌하게 규정한다.

차의 역사, 차나무의 품종, 차 만드는 법, 차를 끓이고 마시는 법, 차의 생산지와 품질 등을 노래한 것으로. 우리나라 토산차에 관한 것은 6송이 있다. 이것은 우리나라 차의 역사와 전통다도를 이해하는 데 크게 도움이 된다고 본다.

초의선사는 다산 정약용 소치 허련 그리고 평생 친구 되는 추사 김정희 등과 폭넓게 교류했다고 한다. 특히 추사와 함께 다산 초당을 찾아 유배생활하던 24년 연배의 다산을 스승처럼 섬기면서 유학의 경서를 읽고 실학정신을 계승했으며, 시부詩賦를 익히기도 한 것으로 전해진다.

초의선사와 다산과 소치와 추사와 차에 얽힌 이야기나 실학의 이념을 세우기 위한 학문의 교류는 풍류와 학문과 인품을 겸한 우리 차 문화 전통의 자랑거리가 아닐 수 없다. 그런 지덕을 겸비한 선현이 아니어도 차는 고금을 통하여 우리 곁에서 고달픈 심신을 덥혀주고 식혀주는 중요한 역할을 한 것이다. 왕가는 물론 사대부가나 양반가에서는 차의 음용을 일상화했고 고려 태조 왕건은 신라 때까지는 귀족층에서만 마시던 차를 백성들에게까지 의례품으로, 또는 약으로 마시도록 권장했다고 하니 우리 역사 속의 차맥을 가히 짐작할 수 있지 않은가.

우리의 선인들은 후세의 세상을 위해 마을의 그중 잘 자란 향나무를 골라 가지를 손질하고 적당한 크기로 잘라서 산곡수山谷水 민물과 해수가 합치는 여울목에 담궈 두었다고 한다. 매향埋香의 의식인 것이다.

그리고 그곳에 매향비埋香碑를 세워 이것을 후손들이 알아볼 수 있도록 표시했다고 한다.

바닷물에 잠겨있는 향나무가 민물과 짠물을 만나면서 결 깊이 향이 배기 시작하며 소용돌이치는 물결에 목질이 굳어지고 그럴수록 향은 더 깊은 맛을 내며 목질을 단련시킨다고 한다. 그러기를, 그렇게 반복하기를 수백 수천 수만 날, 그렇게 천년이란 긴 세월이 지나면 물속 깊은 곳에 가라앉아 있던 나무가 용龍이 솟구치듯 물 위로 떠오른다고 한다. 이토록 지극한 염원과 정성이 배인 향나무, 이것이 바로 침향목인 것이다. 이것은 짠물이나 깨끗한 민물만 먹고 향이나 결이 생긴 게 아니라 그 많은 시간과 세월 속에 흘러 내린 우리 조상들의 염원과 지극한 정성이 뼛속 깊이 배인 조상님의 혼魂이 배인 것일 것이다. 그렇게 천년을 잠을 잔 후 침향목이 된 이 나무가 물 위로 잘 떠오르면 미륵의 참 세상이 온다고 믿고 있었다.

금강산의 삼일포(고성)와 경상도 사천과 충청도의 해미는 해매향埋香비가 세워져 있는 곳으로 전해지고 있다.

최근 들어 이밖에도 해안이 아닌 곳에서도 매향비가 발견되었다는 소식은 우리 조상들의 멋과 풍류와 염원을 미루어 볼 때 반가운 일이 아닐 수 없다.

매향의 기록이 고려 말에서부터 조선조 초기 사이의 것이 많은 것을 보면 국운의 쇠퇴와 흥망이 겹치던 혼란한 시기에 백성들의 삶은 더 어려웠을 것이다. 더욱 해안이나 변방은 왜구들의 칩입이 민중의 삶을 더 어렵게 했으리라. 그런 맥락에서 볼 때 매향의 의식은 수긍이 갈 수밖에 없다. 매향은 미륵신앙 중에서도 하생신앙下生信仰과 직접 연결된다고 본다. 물속에 깊이 묻은 향목을 매개로하여 보잘것없는 몽매한 민중들이 하생한 미륵을 만나기를 염원했으리라. 미륵을 만나 그가 주관하는 용화회龍華會에 참여함으로서 미륵과 함께 내원궁內院宮으로 들어갈 수 있기를 기대했으리라. 이런 애달프고 아름다운 염원이 내재된 침향목이야 말로 윤회를 믿는 우리 민족의 정서, 그 염원과 맥이 닿는 한이 담긴 향기의 결정체가 아니겠는가.

이런 역사적 사실을 놓고 가부를 논하는 다인들이 있는 모양인데 나는 그것의 진위여부를 논하고 싶지는 않다. 그것이 사실로 증명되었거나 검증된 결과를 논하자는 게 아니라 우리 조상님들의 그윽하고 아름다운 생활의 지혜와 슬기와 정서와 여유를 말하고 싶을 뿐이다. 그렇게 향기가 밴 침향목을 적당히 자르고 다듬어서 깨끗한 보자기에 고이 싸서 장롱 깊숙히 간수해 두었다가 손님에게 대접할 차를 달일 때면 그것을 꺼내어 어루만져서 손길에 향나무 향기가 배게 하여 차의 향기가 잡 향과 섞이지 않게 했다고 한다. 이 얼마나 격이 있는 선비다운 풍류요 귀족스런 품위와 멋과 여유인가!

지난번 터키 여행 때, 이스탄불의 아름다운 바다 보스포러스 해안에 위치한 오스만투르크의 마지막 왕조의 왕궁 돌마바흐체 궁을 돌아보면서, 그 호사스러움에 감탄한 바 있다.

사람 한평생 살다가는 게 순간이라 성현들은 가르치셨는데 이렇게까지 호사스럽게 꾸밀 필요가 무엇일까, 스스로 자문하면서도 입이 다물어지지 않던 기억이 새롭다. 계단에 세워진 손잡이 기둥들까지도 호화로운 바카라 크리스탈로 장식된 아름답기 그지없던 왕궁, 그렇게 호화의 극치를 누리면서 살았던 이들이 과연 우리의 조상들이 누리던 이런 정신적인 사치와 풍류를 따라올 수 있었을까 하는 의구심을 가져본 것이다.

물질적인 것과 정신적인 것이 균형을 이루면서 최고치에 이를 수 만 있다면 더없이 좋은 일이겠지만 세상의 이치가 그렇게는 안 되게 되어 있는 모양인지 중동의 술탄을 비롯한 세상을 호령하던 왕궁의 주인들은 그림자조차도 볼 수 없으니 이 얼마나 허망하고 허무한 일인가.

나 역시 여행을 좋아하고 차를 즐기다 보니 중국이나 동남아를 여행할 때마다 사 모은 다구들이 제법 많아져서 서실 한 편에 찻장을 따로 마련해 놓고 들여다보며 즐겼는데 이즈음 생활의 풍파를 겪고 병원을 들락거리다 보니 다 없어지고 아끼던 다완마저도 이사 통에 없어지고 즐겨 쓰던 수수한 몇 개의 다기들만 내 곁에 남아 있다.

날이 따듯해지면 고향 선배인 청파 이은구님이 빚으시는 분청의 그릇들을 보러 여주의 그의 도요 청파굴에 다녀와야겠다. 나의 초등학교 선배이신 그는 내 바로 위 언니하고는 동기여서 자주 만나지는 못해도 마음으로는 가까운 지기이시다.

그가 다기茶器 전문 도예가가 아니어서 선배가 만든 다구들의 수준이 어느 정도인지는 모르겠으나 그의 작품들이 일본에서는 거의 신격화될 정도로 유명하다고 한다. 특히 다나카 수상이 그의 작품 메니아여서 그를 일본으로 직접 불러 전시회를 열고 후원해 준 일화는 도자기계에서는 유명한 전설이 아니던

가. 우리나라에서도 외국의 대통령이나 국왕들이 방한할 때면 으레 선배의 분청자기가 선물로 채택되는 자타가 공인하는 분청의 달인이시다. 나는 선배의 작품 중에서도 중간 크기의 둥근 달항아리를 좋아한다.

노릇한 빛깔의 봉긋한 항아리에 선배가 그려 넣은 지극히 한국적인 이미지의 그림들을 보고 있노라면 고향의 초가집 안방 화롯불 가에 앉아 있는 것처럼 가슴이 따뜻해진다.

요窯에 불을 지피실 때면 목면의 하얀 두루마기에 정좌를 하고 제를 올리고 아궁이에 직접 장작불을 지피시는 선배의 정성어린 모습을 바라보노라면 나도 어느새 평생 외길을 걸어온 정성어린 사기장이 된 듯한 황홀한 착각에 잠기곤 한다. .

그가 잃어버린 다완의 제조기술을 재현해 내기 위해 지천명을 다한 최고의 사기장은 아니겠지만 한 사람이 자기의 분야에서 일가를 이루었을 때 우리 곁을 따듯이 비춰주는 역사를 이어가는 등불이 아니겠는가. 그와 다산선생과 초의선사의 차 이야기를 나누며 한 잔의 차를 나누고 돌아오자면 돌아오는 길도 과히 쓸쓸치는 않으리라.

이규보와 선원사지

고려조의 문장가 이규보는 '차茶는 곧 선禪의 시작이다.'고 했다.

몸과 마음을 다스리는 수양이리고도 했다.

산승이 달빛을 탐하여
병속에 물과 함께 길어 담았네
절에 다다르면 비로소 깨달으리라
병 기울리면 달빛 또한 텅 비는 것을

내가 좋아하는 이규보의 시다.

병 속에 달빛을 담아오다니 이 얼마나 기막힌 절창인가.

그는 차 잎을 가는 차 맷돌을 선물 받고 기쁜 마음에 시를 썼다.

돌을 쪼아 만든 바퀴같은 맷돌
빙빙 돌림에 한 팔이 수고스럽다만
그대 어찌 차 마시지 않으리요
나의 초당에 보내 주었느뇨
내 심히 차 즐기는 줄 알아서
이것을 나에게 보내준 것이니
푸르고 향기로운 가루 갈아내니
그대의 뜻 고마워라

– 차 맷돌을 선물 받고

이규보의 묘소는 강화도에 있다.

나는 가끔 강화에 볼일이 있어 갈 때마다 그의 묘소에 들르는 편이다.

전등사 가는 길 낮은 언덕에 자리한 그의 묘소는 소나무 숲에 둘러 싸여 있어 크게 화려하거나 번잡하지 않아서 좋다. 그저 수수하게 묻혀 있는 역사 속의 대문장가를 만나는 일은 내 영혼의 허기를 채워주는 호사스런 허식이기도 하다. 묘소의 잔디 위에 앉아 흰 구름이 하염없이 떠가는 하늘을 바라보노라면 멀리서 몸을 뒤채는 서해 바다가 기척을 한다. 바닷가나 섬에서만 느낄 수 있는 가슴 밑바닥을 훑고 나온 영혼까지도 적시는 낮은 소리다.

800년 가까운 세월 동안 이곳에 누워 계신 한 시대를 풍미했던 대문장가도 저 영혼의 소리들을 듣고 계시리라.

고려 초기 문인들의 허상적 관념론에서 벗어나 오랜 역사와 전통을 지닌 문화민족임을 재인식하는 입장에서 동명왕의 영웅적이고 성자적인 모습을 찬양한 대서사시 <동명왕편>을 썼던 고려조의 대문장가 이규보, 그도 차를 꽤나 즐겼었는가 보다. 그가 얼마나 차를 사랑했으면 차 맷돌을 선물 받았을까.

강화도 선원사에서 신돈(변조스님)의 차 맷돌이 발견되었다고 한동안 차인들 사이에서 떠들썩했었다.

고려조의 고찰 선원사지를 발굴하다가 작은 차맷돌 한 개를 발견한 것이다.

그 발견된 차 맷돌이 신돈의 것인지 이규보의 것인지는 확실치 않다고 한다. 8백 년이란 긴 세월을 거슬러 올라가야 증명될 수 있는 사실을 가타부타할 수 는 없는 일이리라.

그러나 이규보의 산소가 이곳 선원사지에서 멀지 않은 곳에 있고 차 맷돌에 관한 시도 전해지고 있으니 그 차 맷돌과 인연이 없지는 않은 성싶기도 하다.

팔만대장경의 판각성지로 알려진 이곳 선원사는 고려 무신정권 시 최고의 권력자였던 최우에 의해서 세워진 사찰이다. 몽고의 침략으로 왕(고종)은 수도를 개경에서 임시로 강화로 옮기게 된다. 그때 몽고의 병화를 불력으로 막기 위한 염원으로 대장경주조불사를 착수한다.

강화도에 장경도감을 설치하고 장장 16년에 걸쳐 81.256자의 팔만대장경을 완성하였다. 그 판각지가 선원사로 알려져 있다. 우리의 최고의 자존심이요 유네스코 인류 문화유산으로 등재된 청사에 자랑스런 문화재인 팔만대장경은 이렇게 호국의 염원을 안고 만들어진 것이다. 또한 선원사는 이에 못지않게 선차로도 그 이름이 높다. 선차禪茶란 선승들이 깨우침을 향한 방법으로 드셨던 차를 선차라 한다.

차를 선의 경지로 끌어올린 분은 조주선사임에 틀림없다

그의 끽다거 공언은 일천 년 전 당나라에서 불기 시작해 태고 보우 진각국사 혜심 원감국사 충지 등에 의해 고려로 오게 된다. 선원사지의 선차는 보조 지눌에 의해 계승 발전되어 송광사 6세 법손 원감국사 충지에 의해 꽃을 피우기 시작한다.

강화는 중국 마조문화로 이어지는 굴산파와 인도승 지공으로 이어지는 함허득통선사의 두 줄기의 차맥이 선연히 흐르고 있는 곳이다.

그중 선원사의 차맥은 마조계통의 차맥을 이어온 굴산사 파에 연원을 대고 있다. 송광사 16국사 중 네 분의 국사가 이곳 선원사를 거쳐간 선찰로도 이름이 높다.

선원사는 진명국사眞明國師 원오국사圓梧國師 원감국사圓鑑國師 혜감국사慧鑑國師와 백운 이규보, 최씨 무신정권기 최고의 실력자 최우와 신돈(변조스님)등에 의해 차 문화의 꽃을 피웠었다고 볼 수 있다.

차승으로 유명한 진감국사가 선원사의 초대 주지였고 원오 국사가 4년간 재임했고 원감국사 등 송광사 16국사 중 4명이 이곳에서 주지스님으로 적을 두셨었으니 고려말 가장 중요한 선차문화의 중심지였음이 분명해진다.

이렇듯 강화의 선원사는 우리나라의 자랑스런 역사를 간직하고 있는 사찰이다.

한때는 순천의 송광사와 더불어 우리나라 2대 선찰로 손꼽히는 대찰이었으나 고려말 공민왕 때 신돈이 이곳에서 처형당하면서 폐찰되었던 곳이다. 그러나 다행히 이곳이 우리들의 자존심 팔만대장경을 판각한 성지이고 선차의 맥을 이어온 이름 높은 사찰임이 밝혀지면서 불교계에서 중흥불사에 힘을 쓰고 있다니 천만다행이다. 구전되는 바로는 신돈이 처형당하면서 선원사의 유물을 우물안에 넣고 죽었다고 한다. 그러니 그 발견된 차맷돌이 신돈의 것인지 이규보의 것인지는 확실치 단언할 수는 없는 것이리라.

내 지금 산사를 찾은 것은
술을 마시고자 한 뜻은 아니온데
올 때마다 술자리를 베푸니
얼굴 두꺼운들 어찌 부끄럽지 않으리
스님의 인격이 높은 것은
오직 향기로운 차 마시기 때문이라
장차 몽정의 좋은 찻잎을 따서
慧山의 물로 차를 달이니
차 한 잔에 이야기 한마디
점점 현묘한 경지에 들어가니
그 즐거움이 참으로 청아 담백하여

어찌 술에 혼취할 수 있을까 (중략)

이규보의 방엄사訪嚴師라는 시다. 차와 술을 즐긴 이규보, 그의 시에는 구절구절 차향이 묻어난다.

차와 함께 술을 꽤나 좋아했던 이규보. 선원사에서 차와 술을 대접받고 기쁜 마음에 저렇듯 아름다운 시를 써 보내신 그의 인품의 고아함이 차 향기처럼 배어나는 듯한 대목이다 .

이규보의 <동국이상국집>의 40여 수의 차시를 보면 그가 얼마나 차를 즐겼고 사랑했는지 짐작이 간다. 다인들은 이 시에 나오는 혜산을 선원사가 있는 도감산道監山으로 보는 이들이 많다.

내가 세상일에 겨워 몸살을 앓던 많은 시간 동안 선원사지는 많이 변해 있었다.

이름에 걸맞지 않는 조잡한 절의 규모에 나는 내심 매우 낙심했다. 규모나 모양새로 절을 평가한다는 게 잘못이긴 하겠지만 좀 더 많은 고증을 거쳐 역사의 궤적을 살피고 규모를 재현했었으면 하는 아쉬움을 떨칠 수가 없었다.

재건된 사찰 뒤편의 넓고 수려한 절터는 중앙에 좌불 하나를 덩그라니 모신 채 석축으로 마감하고 있다. 오늘은 물론 먼 훗날까지 대장경의 판각지라는 이름만으로도 성스럽고 대견한 이 가람이 웅장하고 멋진 모습으로 재현되어 우리 앞에 우뚝하기를 희망한다. 경주의 불국사나 해인사 화엄사의 멋스런 위용이 우리들 자존감을 높이고 가슴을 뿌듯하게 만들 듯 이 성스런 절터가 많은 고증과 학술적 검증을 거쳐 역사적 의의를 담은 이름에 걸맞는 대가람으로 현현하기를 희망한다.

그리하여 많은 차인들의 모이고 대장경이 우리에게 커다란 위안과 자부심이듯 이 선원사지 또한 우리의 자부심으로 현현할 것임을 믿는다.

(2010)

연차蓮茶 이야기

중국 고사에 운芸이란 여인이 있다

≪생활의 발견≫의 저자인 임어당은 '중국문학사 중 가장 매력 있는 재인才人이며 사랑스런 여인상'으로 운이를 꼽고 있다. 알다시피 중국의 장대한 역사 속에는 양귀비나 왕소군 서시 같은 경국지색의 미인들이 많건만 임어당은 세기를 두고 회자되어 온 빛나는 그녀들의 미모보다도 운이의 매력을 더 높이 샀다.

그녀는 18세기 중엽 소주에서 살았던 보헤미안 문인 심복의 아내였다. 그녀의 이야기는 남편 심복沈復의 저서 ≪부생육기浮生六記≫에 기록되어 있는 바 그녀는 남편에게는 가장 사랑받는 기품 있는 여인이었고 생활에서도 심성이 선하고 재치와, 재기가 넘쳐 있었던 같다. 그녀는 남편을 위해 갖은 지혜를 짜 내어 생활을 재치 있고 풍요롭게 이끌어 갔다고 한다. 그녀가 차를 사랑하였음은 물론이다.

특히 그녀는 차의 향기를 좋아해서 온갖 방법으로 차를 달여 남편은 물론 주위 사람들에게 향기로운 차 대접하기를 즐겼다고 한다.

그녀는 연꽃 향기를 좋아해서 연꽃의 그윽한 향기와 차의 향기를 섞어서 연차를 달였다고 한다. 여름날 연꽃이 필 때면 찻잎을 종이에 싸서 연꽃 봉우리 안에 넣어 두었다. 이튿날 연꽃이 다시 개화하기 직전에 차를 꺼내어 차를 달였다. 연꽃이 밤 시간 내내 잎을 오무려 연향기와 차 향기를 버무려 놓았으리라. 밤새 찻잎들이 연꽃의 품안에서 서로의 향기를 그윽히 섞었으리라. 다음날 아침 연꽃이 다시 피기 시작할 무렵, 두 향기가 어울린 연꽃 안의 찻봉지를 열고 차를 꺼내어 달인 차는 차 고유의 향과 연꽃 향기가 절묘하게 어우러져 그 향이 일품이었다고 한다.

연차蓮茶 하면 잊을 수 없는 분이 아산 인취사의 혜민 스님이시다.

요즘 신문지상을 수시로 장식하는 젊은 혜민 스님이 아니라 아산 인취사의 자그마한 체구의 주지 스님이시다. 인취사는 아산 신창면에 위치한 조계종의 도량이다.

요즈음처럼 이기주의가 팽배한 지식사회에 높고 그윽한 품성을 가진 분으로 빼놓을 수 없는 특별하신 분이 바로 인취사의 혜민 스님이라면 너무 과장된 표현일까.

자그마한 체구에 빛나는 눈이 범상치 않으신 스님은 소설가 황석영 선생과는 각별한 사이로 통일에 대한 열망과 열의가 불타는 분이시다. 그 스님께서는 연꽃을 좋아하셔서 연꽃 보급운동에 앞장서시는 환경운동가이시기도 하다. 스님의 연꽃 사랑이 참으로 대단하시다. 절 한 옆에 연꽃이 가득한 아름다운 연지蓮池가 있음은 물론이요, 절 마당 곳곳에 연꽃함지가 즐비하다. 하나같이 아름다운 자태의 연들이 색색의 꽃들을 피우고 있다.

스님께서는 즐기는 것뿐만이 아니라 널리 연꽃을 보급하고 장려하시는 일에 앞장서시는 분으로 유명하시다. 우리나라의 황련은 모두가 다 스님의 수고로 널리 퍼진 줄 안다. 오염된 물과 토양을 되살리는 데 연꽃이 가장 적합하다고 한다.

모든 삶의 방식들을 이타의 경지에서 생각하시고 행하시는 그의 투철한 국가관이나 문화의식은 따라가기 힘들 정도다. 스님께서는 추운 겨울에도 이불을 덮지 않고 주무시는 일화는 지금도 우리들의 가슴을 서늘케 하는 대목이다. 추위와 학정에 굶주리는 이북의 내 동포들이 행복해질 때까지 이불을 덮지 않으신다는 스님의 높으신 고집과 집념을 어느 누가 감히 따를 수 있으랴!

그가 추사 선생을 지극히 경모하여 해마다 추사 선생의 기일을 기해 제를 올리시는데 그 제의의 방법이 다례이다. 스님께서 추사선생의 고택에 세울 시비詩碑를 추사 선생 본인의 글씨로 힘들고 어렵게 집자集字하고 계심도 그분의 추사에 대한 한끝없는 그리움과 경모심의 발로에서일 것이다. 스님께서는 또 불경을 영구 보존하기 위해 옷 칠한 명주에 순금의 금물로 불경을 쓰고 계신다. 옛 어른들께서 지紙 천 년 견絹 백 년이라 하셨다지만 명주에 입힌 옷칠이 천 년을 간다고 하니 스님의 유려하신 필체로 보아 후세의 불자들이 그분의 수고를 능히 알게 되리라.

어느 날 혜민 스님께서 저녁식사에 나와 신동춘 교수를 초대하셨다.

나는 이제껏 살아오면서 그처럼 멋진 식사대접을 받은 적이 없을 정도로 격이 있고 운치가 있는 식사를 할 수 있었음을 지금도 영광으로 여기고 있다. 혜민 스님은 저녁식사에 연잎으로 싼 찰밥에 옥잠화 꽃 튀김과 연엽주를 내놓으셨다.

식사 후에는 연차를 내놓으셨다. 연잎에 쌓인 연밥은 그 향과 맛과 멋스러움이 절정이고 하얀 옥잠화를 옷을 입혀 튀겨낸 화전은 품위 그 자체였다 . 그리고 커다란 한쪽의 백련꽃잎에 연엽주를 따르시는 스님의 손길을 바라보는 내 눈은 신선이 된 듯 환상이었다.

특히 스님이 기분 좋으실 때 내놓으시는 연차蓮茶는 그 맛과 향보다도 연잎차를 달이는 수순이 참으로 멋지고 풍류가 있으시다. 스님의 연차 달이는 순서는 운 여인의 행다법보다도 더 멋지고 호사스럽고 운치 그 자체였다. 아무리 임어당이 상찬을 한 운이이지만 이처럼 멋스러울 수는 없었으리라. 우리는 차를 마시기도 전에 벌서 취해서 황홀히 그 광경을 바라보고만 있어야 했다.

아래 위를 묶은 배가 불룩한 하얀 화선지를 펼치자 큰 백련

꽃송이가 나왔다. 그 백련꽃송이 속에 고이 싸두었던 차를 꺼내시는 멋스러움이라니…….

백련꽃은 우리가 연지에 피어 있던 꽃을 보았을 때보다 훨씬 크게 보인다.

그 연꽃잎을 한 장 한 장 차례로 제치어 꽃 속에 감싸 두었던 차를 꺼냈을 때의 감격은 실로 숨이 멎을 정도로 황홀하고도 멋이 있었다.

그렇게 꺼낸 차를 연꽃무늬를 수놓은 큰 다관茶罐에 찬물로 우려서 역시 연꽃모양으로 만든 다기에 부어 주시는 연잎차의 행다 과정은 맛도 좋지만 팽주로서의 스님의 분위기가 너무나 근사하고 멋져서 차 맛보다도 그 분위기에 우리는 먼저 압도 되다시피 했다.

그리고 연잎에 싼 각가지 고명이 들어간 찹쌀의 주먹밥과 하얀 옥잠화 꽃을 꽃잎 그대로 튀긴 꽃 반찬과 연근조림과 연엽주를 곁드린 저녁 식사는 두고두고 잊지 못하는 멋진 추억이다.

임어당이 지적한 중국 역사 속의 운이란 여인보다도 더 매력 있고 멋진 스님이 아닐까. 다만 스님께서 남성이셔서 운이처럼 회자되지 못하는 게 아닐까.

그런 스님께서 불교 중흥에 앞장서야 하는 주 임무보다 연꽃 보급이라던가. 추사 선생 경모제 등 문화적인 일에 전념하다 보니 종단으로부터 절의 부흥에 소홀함을 물어 징계를 당했다는 소문이다. 국가나 대중의 교화보다 불교 중흥이 앞이란 말인가.

잘 연계해 보면 같은 맥락일 텐데 참 안쓰러운 대목이 아닐 수 없다.

허난설헌의 채련곡이 생각나는 밤이다.

채련곡采蓮曲

허 난설헌

秋淨長湖碧玉流　해맑은 가을 호수 옥처럼 새파란데

蓮花深處繫蘭舟　연꽃 우거진 곳에 조각배를 매었네

逢郎隔水投蓮子　물 건너 임을 만나 연밥 따서 주고는

或被人知半日羞　혹시나 남이 봤을까 반나절이 부끄러웠죠

(2013. 08. 10.)

차향이 그리운 날

창밖, 몇 닢 남지 않은 붉게 물든 감잎들이 바람에 파르르 몸을 떨고 있다. 앙상히 달려 떨고 있는 담쟁이 넝쿨을 바라보며 얼마 남지 않은 자기 생을 바라보던 오 헨리의 마지막 잎새처럼 바람에 떨고 있는 감나뭇잎, 한여름을 열광했던 자기의 분신들을 떨구고 빈가지로 겨울을 맞는 저 나무들!

푸른 물이 뚝뚝 떨어질 것 같은 풋풋한 열정으로 세상을 주름잡던 저들 가지들이 하늘을 향해 두 팔을 벌린 성자인 듯 새삼 눈에 들어온다.

그래! 말 못하는 저들이 스스로 제 가슴을 비우듯, 스산한 바람이 창을 흔들고 기러기 높은 하늘을 날아가는 가을날엔 가슴에 담아 두었던 그리웠던 이들을 불러 차 한 잔을 나누면 얼마나 그윽하고 아름다우랴! 늘 무엇이 중요한지 우선순위를 놓치고 후회하는 내 우매함 때문에 문을 닫아걸고 지내온 내 모습이 과연 옳았던 것일까 되짚어 보는 요즈음, 정답던 지인들을 불러 차를 나누며 서로간의 그간의 안부를 확인하는 일도 우리 삶의 정돈된 한 모습이리라.

정성들여 다기를 준비하고 찻물을 끓여 차를 달이는 과정은 상상만으로도 행복하다.

정돈된 다탁위에 가지런히 놓은 찻잔들. 다완에 다소곳이 고여 있는 찻물의 향기와 빛깔!

손때 묻은 다기에 소리 없이 채워지는 엷은 황록색의 찻 빛이 주는 아련함, 이건 평생을 가슴에 간직해오면서도 차마 꺼내보지 못했던 정인의 눈빛처럼 그윽하리라.

찻통을 처음 열었을 때의 배릿한 차향이 주는 그 순전함도 나는 좋아한다. 봉지를 뜯지 않았어도 그 향을 어쩌지 못해 통 안에 모여 서로 몸을 비비며 간지해 온 향기들!

차의 그윽함을 어찌 글로 다 나타낼 수 있으랴! 말을 하지 않아도 차의 온기가 모든 것을 이어주고 전해주는 것 같다. 잎이 채 피기도 전 여린 새순을 따서 만든 우리의 햇차는 잎 하나 하나의 크기도 고르고 색깔마저도 투명한 듯 파르스름한게 음전하기 그지 없다. 비벼진 모양이 약간 갸름하면서 굽어진 모습마저도 정겹고 어여쁘다.

작설雀舌이나 우전雨前, 죽로竹露(대나무숲에 내리는 이슬을 먹고 자란 차) 춘설 같은 우리 차들은 이름 또한 얼마나 멋스럽고 정다운가! 중국의 명차중의 명차라는 철관음이나 대홍포 같은 중국차들의 이름과 비교해도 훨씬 운치가 있지 않은가.

대체로 우리가 마시는 녹차는 세계적으로 한 종류에 속한다고 한다. 다만 그것을 언제 잎을 따고 어떤 방법으로 제다를 하느냐의 차이에 따라 차의 종류가 분리될 뿐이다. 나는 이름 있는 명차를 가지고 있지는 않지만 젊은 시절 빈번했던 중국이나 대만 여행 중에 그곳 지인들로부터 선물로 받은 차들은 비교적 고가인 것이 많았다.

그런 명차들은 입에 남는 향훈이 오래도록 입안을 향기롭게 한다.

이런 이유로 명차들을 선호하는 것이리라.

요즈음은 꽃차를 만들어 우려내는 멋스런 다인들이 많은 것 같다. 성현도 종 시속이라 일렀듯 글로벌 시대라 그런지 다양한 종류의 차들이 개발되고 발견되는 모양이다. 아침 이슬을 먹음은 꽃송이를 따서 깨끗이 손질한 후 그늘에서 말리는 과정은 그 자체가 향기이고 아름다움이다.

장미차를 비롯한 꽃차들은 그것을 만드는 과정에서도 행복이 동반 된다.

소국을 잘 말려 만든 국화차나 매화차 같은 아름다운 꽃송이를 재료로 하여 만든 차들은 그 맛과 향기를 논하기 이전에 행다 자체가 정겹고 그윽하다. 꽃송이가 스스로 제 몸을 말려 향기를 간직했다가 더운물에 목욕을 하고 나서듯 제 몸을 다시 펴는 꽃차! 어찌 아름답지 아니하랴! 꽃잎이 번지듯 펴지며 살아나는 아름다운 행다를 즐기는 다인들이 많은 것은 멋과 운치를 아는 다도의 예법과 무관하지 않으리라.

보기 좋은 떡이 먹기도 좋다고 했듯 화차를 즐기는 다인들도 점

점 늘어나는 추세라고 한다.

연차도 그 은은하고 연한 향이 좋지만 잘 말린 장미꽃이 투명한 유리잔 안에서 스스로 움츠렸던 모습을 펼치며 본래의 제 모습으로 피어나는 매화차나 장미차의 행다는 보는 이들의 가슴마저 행복하게 한다. 아름답고 향기로운 꽃 앞에서 행복하지 않은 사람이 어디 있으랴!

마음 맞는 벗과 따끈한 차를 앞에 두고 그리웠던 이름들을 가슴으로 기억하며 마시는 차는 얼마나 정스럽고 아름다운가! 말을 하지 않아도 이심전심 찻물처럼 따듯이 정이 오갈 수 있는 벗들과 마시는 한 잔의 차는 감로수다.

그리웠던 얘기며 말하지 못했던 사연들을 굳이 말하지 않아도 이미 찻잔 속에 녹아 따스한 온기와 향기로 전해지는 사연들! 그렇다, 차는 사람과 사람을 이어주는 아름다운 마음의 가교이리라. 저 붉게 물든 감잎이 다 떨어져 빈 가지가 더 애처로워지기 전에 그리웠던 벗들을 불러 아끼던 차를 달여야겠다.

(2005)

정 다산과 차 이야기

나는 요즘 박석무 선생이 주관하시는 다산연구소에서 보내오는 시사평론 뉴스레터에 재미가 붙어서 이를 즐기고 있다. 학계와 사회의 저명하신 분들이 엮어내는 역사평론 내지는 사회평론은 정곡을 찌르는 예리함과 신랄함에 속이 후련해질 때가 많다. 내가 속해 있는 이 시간 이사회에 울분을 느끼고 공감을 하고 박수를 보내는 일은 문인으로서의 역사의식이 아니더라도 당연지사이리라.

조선조 500년의 역사가 다 소실된다 해도 정다산 하나만으로도 부끄럽지 않은 결과라던 어느 유명 역사학자의 언급이 아니더라도 인문학을 하는 사람 중에 다산 선생을 마음 깊이 숭모하는 이가 어디 하나둘이랴! 시대를 초월한 큰스승이신 선생님을 가진 것만으로도 우리민족은 축복이리라. 낮고 낮아진 눈높이로 백성들을 바라본 그의 실사구시의 학문들 어찌 자랑이 아니랴!

부인이 보내온 혼례식 때 입었던 다홍치마에 그림을 그려 두 아들과 시집가는 딸에게 남겨주신 하피첩, 정 많은 아버지 다산 선생님! 이학에만 경도된 사회 통념에서 벗어나 실사구시의 학문을 추구하신 앞선 혜안의 선생님, 어찌 그분을 경모하지 않을 수 있으랴!

나는 깊은 학문을 한 처지도 못되면서 다산 선생을 너무나 좋아해서 그의 발자취나 그의 저서들을 챙기는 일에 꽤 열심인 편이다. 박석무 선생께서 운영하시는 다산 연구소는 우리나라 많은 다산 관련 연구기관 중 가장 활발한 활동을 하는 연구단체임에 틀림없다

오백여 종이 넘는다는 선생님의 방대한 저서가 서늘하듯 다산연구소 이시장이시며 다산 전문 연구가인 박석무 선생이 펴내신 ≪유배지에서 온 편지≫ 라던가 ≪풀어쓰는 다산이야기≫라던가 많은 학자들이 펴내는 <다산연구학>은 우리들을 자존감을 높이고 경각심을 갖게 하는 데 부족함이 없다.

그러나 역사에서도 호사다마는 있기 마련인지 그의 높은 학문과 인품을 총애하던 정조가 승하하고 그 전해에는 그를 옹호하던 체제공마저 돌아가고 난 후 그는 줄곧 고난의 길을 겪게 된다. 멀리 강진으로 유배되어 18년이란 긴 세월을 보내게 되는 다산 선생님!. 그 외로운 나날을 오로지 집필에 전념하여 그가 남긴 저서들은 오늘날 우리들에게 위대한 유산이 되지 않았던가. 신유박해로 흑산도로 유배된 형 정약전의 안부가 궁금하여 날씨 좋은 날 높은 산에 올라 멀리 흑산도 쪽을 하염없이 바라보았

던 따뜻한 가슴의 다산선생님! 우리는 이 같은 격조 높은 선비를 가졌다는 사실 자체가 자긍심이고 얼마나 가슴 뿌듯한 일인가. 동서고금을 통하여 이 같은 품위 있고 품격 높은 학자를 가졌다는 사실에 우리는 큰 자부심을 가져도 좋으리라.

역사의 뒤안길엔 시문을 읊으며 차를 즐긴 선비가 많겠지만 그 중에서도 으뜸으로는 정다산 선생이 아니었을까. 다산 선생은 일상에 기쁜 일이 있을 때마다 지인들을 불러 차를 즐기며 시문을 읊었다고 하니 그가 이룩한 위대한 학문이나 업적을 논하기 전에 선비로서 얼마나 정겹고 멋스런 풍류인가.

다산의 전문연구가인 박석무 선생이 그가 유배 생활 중 가족이나 지인들에게 보낸 편지들을 소개하여 널리 읽힌 ≪유배지에서 보낸 편지≫에 보면 그의 인품의 높이와 깊이를 익히 알 수 있거니와 차에 관한 한 다산은 아마도 다인중의 으뜸이라는 말에 이의를 달 사람은 아무도 없을 것이다.

다산 선생과 초의선사와 추사 선생과 허소치 등의 선비들이 나이 차이를 극복하고 깊게 나눈 차를 통한 격조 높은 교우는 우리가 두고두고 음미해야 할 아름다운 삶의 방법이 아닐까.

우리의 조상들은 차를 마시기보다는 즐겼다는 표현이 옳을 것 같다.

첫눈이 내리면 모여 차를 마시고 매화가 피면 모이고 국화꽃이피면 모여 차를 마시고 대밭의 바람 소리가 소슬한 날이면 모여 차를 즐겼다 하니 이 얼마나 여유롭고 멋스런 선비들의 풍류였던가. 다행히 우리나라도 차茶 생활을 즐기는 다인들이 많이 늘어나서 우리 차의 보급과 생활화에 힘쓴다고 하니 참으로 반가운 일이다.

시대를 초월한 스승이신 다산, 그의 학문의 깊이와 넓이를 내 어찌 짐작이나 하랴만 다산 선생의 고고하고 품위 있는 기품에는 못 따라 가지만 그래도 근접한 흉내라도 내고 싶어 가끔은 나도 좋은 차가 생겼을 때면 친구들을 불러 차를 마신다. 그리고 평상심으로 살라하신 옛 고승들의 가르침을 되새기며 차를 달인다.

평상심 역시 다름 아닌 일상에서의 상구보리 하화중생의 염원을 뜻하는 우리의 본성을 말하는 것이리라. 우리의 본성이 우주가 되고 주인이 되는, 한 잔의 차에 부처의 진리와 명상(禪)의 기쁨이 녹아 있는 선다일미의 원조이신 마조선사의 선사상의 백미는 곧 평상심인 것이다 .

너무 경제수치에만 치중하고 겉 모양새만을 갖추기에 급급하여 무언가를 많이 잃고, 또는 잊어버리고 허둥대며 살아온 우리 사회가 이제는 천천히 여유를 즐기며 느슨히 살아가는 슬기를 익혀감도 이 풍진 세상을 살아가는 또 다른 지혜가 아닐까

옛날 우리의 선승들이 끽다거를 통해 선禪의 경지에 이르던 참 다인의 경지에 이르진 못해도 차를 통한 예절과 여유로움을 즐기고 행하는 아름다운 민족, 아름다운 사회가 되었으면 하는 마음이다.

그 작은 뜰의 오래된 향기

– 고창 미당의 생가

고창의 우하 선생님께서 보이차를 보내오셨다. 내가 차를 좋아하는 줄을 아시고 그곳 고창을 방문하신 D 교수 편에 보내온 것이다. 우하 선생님은 미당 서정주 선생님의 제씨弟氏되시는 서정태 선생님이시다. 연로하신 어른에게 늘 받기만하고 돌려드리지 못한 것 같아 받기가 송구하다.

복분자철이면 복분자를 보내주시고 철철이 그곳의 젓갈도 보내주시는 정 많으신 선생님! 형님인 미당의 생가를 지키기 위해 노구를 이끌고 그곳 고창의 생가 옆에서 힘들게 홀로 생활하고 계심을 잘 아는 나로서는 드리지는 못하고 번번이 받기만 하는 게 참 송구하고 민망하다.

더구나 요즈음 미당의 친일 문제가 또 다시 대두되어 난감하기 이를 데 없는 선생님께 무슨 말로 위로를 해드려야 하나 더욱 죄송하고 민망하다.

시를 공부하는 나에게 미당의 시는 높고 아득한 수미산이다. 누구에겐들 수미산이 아니랴! 윤기 흐르는 언어, 다감한 누룩 냄새 퀴퀴하고 정다운 시어들을 귀신처럼 찾아 꿰어 간직한 우리들의 박수 미당!

우리들을 대신해서 절대자에게 곡을 하고 기꺼이 제의를 올린 영매靈媒, 우리들의 제사장! 언어의 연금술사!

우리는 그의 빛나는 주문呪文만을 사랑하자. 현실대처능력이 턱없이 결핍된, 오직 시밖에 모르던 그분께 단재가 아니었다고 황매천이 못 되었다고 그를 다그치지 말자! 그가 캐낸 우리말의 빛나는 보석들! 영원히 빛날 우리들의 모국어! 그가 캐낸 많고 소중한 보석들에 비하면 친일, 그것은 비교가 안 되는 그의 실수라 치부하자.

일찍이 언론계에서 활약하셨고 시인으로서도 높은 경지이시지만 소리 내지 않으시고 형님의 그림자 뒤에 숨어 미당의 문학을 좀 더 높게 좀 더 크게 펴는 일에만 열심이신 참 의롭고 멋지신 우하 선생님! 그런 선생님을 좋아해서 신동춘 교수와 나는 가끔 그곳 고창으로 선생님을 뵈러 간다.

그럴 때마다 선생님은 우리가 무슨 큰손님이라도 되는 듯 귀히 여겨주신다.

기르시던 난蘭분도 주시고 지인들이 보내오신 먹을거리도 싸 주신다. 사양해도 막무가내시다.

수년 전 미당문학관이 세워지기 전 미당의 생가 옆에 홀로 기거하실 때 선생님은 난초를 기르셨었다. 인근 산에서 손수 채란하신 난들이 수백 분이 넘었다. 작은 초가집 마당과 뒤뜰에 즐비하니 세워두신 난들은 남도에 자생하는 춘란들이 많았지만 먼 데까지 원정채란을 해오신 귀한 품종의 난도 많았다.

작은 분에 한두 촉씩을 심은 난들은 흡사 선생님의 모습처럼 정갈하고도 단아해서 정스러웠다. 대문을 들어서면 난향이 집 안과 마당 안에 가득해서 탄성이 절로 나왔다. 넓은 자배기분에 춘란을 무더기로 심어놓고 새봄에 올라오는 꽃대나 새 촉을 기다리기를 좋아하는 내 난蘭 취향과는 정반대시다.

선생님의 삶의 모습처럼 단아하고 정갈한 난들을 바라보며 단아한 체구의 선생님을 떠올린다. 저 고고하고 기품있는 난들의 모습은 흐드러진 풍성한 모양새가 아니라 고고한 자태와 향기를 내뿜는 그 단정한 모습이 제격일 터이다.

선생님은 냉장고 문을 열고 본가에서 선생님을 위해 만들어 보내신 김치며 젓갈이며 밑반찬을 줄줄이 꺼내 놓으신다. 늘 바삐 사시느라 식사를 대충 때우시는 신동춘 교수를 위한 배려다.

은근히 장난기 섞인 심술이 동한 나는,

"아무래도 두 분 선생님 살림을 차려 드려야겠어요."

"어디다가?" 우하 선생님께서는 곧 나의 농담을 알아차리시고 나를 거드신다.

나의 이 짓궂은 농담에 신 교수는 손을 흔들며 정색이시다

"아니, 아니 나는 밥을 할 줄 몰라서 안 돼."

"그건 염려 말어! 내가 밥을 다 해놓고 딸랑딸랑 종을 칠 테니 두 사람은 와서 밥을 먹기만 하면 돼!"

시치밀 뚝 떼고 서두르지도 않으시며 대꾸하시는 우하 선생님의 천연덕스런 대답에 우리 셋은 방안이 떠나가도록 뒹굴며 웃는다.

우리 셋이서 문학을 얘기하고 인생을 얘기할 때는 물론이지만 이런 영양가 없는 농담을 할 때도 미당은 그 특유의 웃음기를 입가에 날리며 우리 곁에 늘 동석하셨을 터임에 틀림없다.

미당은 신동춘이라는 문단의 보석을 발굴해내신 안목 높으신 어른이 아니시던가.

그래서 신 교수의 시집 서문에 "우리나라 여성학자들 중에 누가 가장 공부를 잘하고 열심히 하였는고 하면 바로 신동춘 여사이다."라고 하셨다.

의사 수업을 하는 손녀를 위해 집을 비우셔야 했고 호흡기관과 치아까지 불편하신 선생님의 건강이 좋지 않은 사이 애지중지 기르시던 난들을 어디론가 사라졌지만 그의 주변에는 아직도 난향의 고고한 향기가 서려 있다.

미당의 묘소 둘레에, 생가와 문학관 주변에, 또 고창의 거리마다 노란 국화를 심어 미당의 넋을 위로하고, 그의 문학혼을 불러들이는 선생님! 선생님의 소원대로 미당의 문학이 진가를 더하고 그가 남기신 큰 발자욱이 우리 문학사에 또 국내외로 더욱 크게 자리 매김 되기를 소망한다.

그리고 형님의 문학혼을 꽃피우기 위해 애쓰시는 우하 선생님께서 더욱 건강하시기를 소원한다.

바람 소슬한 날 신 교수님을 모시고 홀연히 우하 선생님을 찾아 뵈어야겠다.

미리 말씀 올리면 선생님은 또 무언가를 준비하시고 챙겨주시려 애쓰실 것이 분명하다.

켜켜이 쌓인 추억 갈피마다의 향기를 꺼내 흠향하며 선생님과 차 한 잔을 하노라면 이미 떠나갈 채비를 마친 가을도 멈칫하고 뒤돌아보지 않을까.

그런 우하 선생님을 모시고 국화향 배인 차를 마시면서 인생과 문학을 논하다 보면 시선詩仙인 미당도 자리를 함께하시리라. 미당 선생님께서 나에게 붙여주신 닉네임 '첫날밤'! 그 첫날밤을 노래 부르며 고창의 도솔산을 오르거나 선생님의 손을 잡고 미당의 문학혼의 저변이던 질마재 고개를 서성이기라도 해야겠다.

바람결이 훨씬 서늘해진 느낌이다.

마당의 묘소에 피었던 국화들도 동면에 들었겠다.

(2009. 11. 11.)

바다가 들락이던 해산토굴
– 장흥 여행기

떠난다는 것은 얼마나 설레는 일인가.

여행은 “세상에서 내가 차지하고 있는 부분이 얼마나 작은가를 두고두고 깨닫게 하기 때문”이라고 플로베르는 말했다. 그렇다. 내가 차지하고 있는 세상은 얼마만큼일지……. 여행은 우리를 겸허하게 한다.

나를 만나러 가는 길. 떠나야 만나고 만나야 소통이 이루어진다. 만나기 위해 떠나고 돌아오기 위해 떠나고, 하루를 향해 떠나고……. 일 년을 향해, 나 자신을 찾기 위해, 확인하기 위해, 우리는 떠난다.

우리들의 삶 자체가 떠남에서 시작되는 나그네 길이 아니던가?

이게 내 여행의 변이라면 좀 모자란 사람의 잣대일까.

이번 여행 가방에 J 교수의 ≪미쳐야 미친다≫를 넣었다

≪미쳐야(狂)미친다(及) 不狂不及≫ J 교수가 만난 조선후기 지

식인들!

미쳐야 다달을 수 있는 길! 다감한 작가는 그들의 광기를 예리하고 정성스럽게 예로서 모셔오고 있다. J 교수가 정성으로 모셔 온 조선 후기의 선비들!

박제가, 연암 박지원, 허균, 정다산, 정약전, 이덕무 등 한 시대를 풍미했던 역사와 학문의 히어로이면서도 실생활에서는 마이너리거였던 그들을 애정의 눈으로 바라본다. 그렇다. 미쳐야만(狂) 미친다(及).

그들이 세상과 학문을 향한 연민이 광기에 가까웠듯, 그들이 입술을 깨물며 세웠던 푸르른 뼈, 그 광기가 우리들의 삶을 풍요롭게 하듯, 그렇다 모든 신비와 모든 꿈은 길 위에 있다.

작가가 애정의 눈으로 바라본 그들의 모든 것, 신비하고 심오한 갈맷빛의 신화 같은 높고 빛나는 학문의 탑이며 준봉의 능선 같은 그들의 푸른 그림자. 저 밑바닥 민초들의 어이없는 삶, 그 애달픈 삶까지도 감싸 안은 큰 산 같은 선비들의 향기로운 발자욱! 나는 그 그윽한 선비들이 지금도 깊은 산 어디쯤에 은거할지도 모른다는 엉뚱한 생각을 가끔 한다. 저 높은 산봉우리 어디, 능선을 넘는 바람 소리 속에 그들이 은거하고 있을 것 같다. 그곳을 찾아내 그 푸르른 선비들을 만나보고 싶다. 산과 계곡을 쩌렁쩌렁 울리는 메아리 같은 곧고 향기 나는 푸르고 상서로운 목소리를 듣고 싶다.

늦가을의 무늬진 붉은 옷깃에 휩싸여 남도 여행에 오른 우리 일행의 목적지는 남도의 끝자락 장흥이다. 장흥! 천관산의 억새밭과 해산토굴과 보림사가 주 목적지다.

장흥은 산과 바다와 강을 안고 있는 천혜의 고장이다. 장흥군과 완도군 고흥군이 인접한 득량만의 바다는 신비로울 만치 아름답다. 탐진강이 바다에 몸을 섞는 물목, 강 하구에 줄지어 늘어선 국화향기가 바다까지 흘러들어 비릿한 바닷내음과 뒤섞여 넘치게 향기롭다.

넓고 빛나는 바다와 비옥한 들, 높은 산과 아름다운 강, 천혜의 조건을 안고 있는 장흥은 인구 4만여에 불과한 소도시지만 많은 인걸들을 배출한 자랑스런 고장이다. 일찍이 동학군의 집결지였고 이순신 장군의 명량대첩 시 군수곡물을 조달한 곳이 아니던가. 우리 문단사의 한 페이지를 장식하는 걸출한 문인들! 소설가 <서편제>의 이청준과 한승원, <녹두장군>의 송기숙을 배출한 자랑스런 고장이다. 득량만, 그 남빛 바다와 억새밭으로 제일인 천관산과 탐진강, 바다와 산과 강이 어우러진 아름다운 고장 장흥이 잉태하고 길러낸 빛나는 문학혼이리라.

해산토굴은 소설가 한승원 선생님의 집필실이다. 그가 퇴임 후 이곳 고향으로 은처를 결정하신 것이다.

집필실 앞 <달 긷는 집>은 장흥군에서 선생님을 위해 마련해드린 단아한 한옥이다.

달을 길어오지 않아도 달이 먼저 찾아올 것만 같은 양지바른 언덕 작은 산 밑에 <달 긷는 집>은 조요롭게 자리하고 있었다.

멀리 장흥의 여닫지 바다가 눈앞에 보이고 산길을 오르던 바람도 치마끝을 흘릴 것 같은 낮은 언덕에 용모도 단정히 서 있는 <달 긷는 집>, 날렵한 기와지붕에 목조로 된 건물이 소박하고 정스럽다. 옆의 작은 정자 <견월정>은 달 밝은 밤에 단둘이 걸터앉아 달을 바라보면 달이 내려와 곁에 한몫 끼어들자 할 것 같이 예쁘고 앙증맞다. 뒤척이는 바다 소리가 견월정 굽은 나무기둥을 끌어안고 미끄러진다. 저 여닫이 바다는 누구를 위해 몸을 뒤채며 하루에 몇 번씩 물목을 열고 닫을까.

선생님께서는 우리 일행을 따뜻이 맞아주시며 茶를 내셨다. 사모님께서 직접 기르시고 제다하셨다는 차는 우리들을 황홀케 했다.

선생님의 문학관을 들려주시며 처음 방문한 후배들을 따뜻이 맞아주시는 선생님! 그의 사랑과 그리움이 바닷빛으로 익은 순전한 서정이 녹아 있는, 선생의 문학혼이 배어있는 그곳! 별 꾸밈도 없는 실내가 문향배를 곁에 두고 있는 듯 향기롭고 다사롭다.

그의 소설에서는 언제나 바다가 등장한다. 그가 한 생애를 통해 그리워하고 사무쳐 껴안고 뒹굴던 바다.

수문을 열듯 들락이는 저 여닫이 바다가 한국문학의 보석 같은 작가를 키워 낸 것이리라. 그가 다져진 필력과 깊은 통찰력으로 빚어낸 새로운 시각의 역사의 기록, <추사>와 <초의> 그리고 <다산>, 유려한 필체와 치닫는 속도감 그 자유자재한 완숙미로 우리의 가슴을 열게 하는 그의 작품들.

그는 다산茶山을, 수많은 준봉들을 푸른 하늘 속에 깊이 묻고 있는 보랏빛의 영검하고 웅대한 큰 산에 비유하셨다. 그가 높고 넓은 학문의 산속을 헤매며 지고지순으로 공들여 환생시킨 다산이 친근하고 아저씨 같은 편한 모습으로 우리 앞에 다가온다.

초기의 작품도 그렇지만 후기의 작품들이 안고 있던 아웃사이더들의 깊은 체온, 그가 <다산>을 쓰고 <추사>를 쓰고 <초의>를 쓰신 아니, 쓰셔야만 했던 이유, 그것은 그에게는 피할 수 없는 어떤 막연한 책무감 같은 것은 아니었을까.

그는 "인간 본위의 휴머니즘이 우주에 저지른 해악을 극복할 수 있는 단초는 노장老莊이나 불교 사상에 있다."고 말씀하셨다. 큰 울림으로 공감이 가는 지당하신 결론이다. 그렇게 차茶와 불교와 선禪의 둘레를 맴돌다가 원대한 안목을 이미 가지셨던 큰 산 같은 위대하고 다감했던 조선의 인물들에게 발목을 잡히신 것인지도 모를 일이다.

선생님은 정다산의 유배시절을 말씀하셨다. 그가 유배지에 18년의 긴 세월을 고립되어 철저한 고독 속에서 그 많은 빛나는 저술을 하셨듯 선생님께서도 되도록 많은 시간을 저술에 할애하신다 말씀하시는 그의 단정하시고 단아하신 모습에서 문득 다산 같은 큰 선비의 모습이 오버랩 되는 건 그가 입으신 편해 보이는 한복 때문만은 아니었으리라.

달을 긷지 않아도 달이 뜬 그곳 견월정! 그는 그 작은 정자에 가끔 나와 추사와 다산과 초의를 불러 달을 노래하시며 차를 드시는 건 아니실까.

첫눈이 내리면 친구를 불러 차를 마시고 매화꽃이 피면 모이고 댓잎에 부는 바람소리가 소슬할 무렵이면 모여 차를 달였다는 한국사의 큰 지성 다산! 그를 그려내기 위해 온갖 문헌을 모으고 발걸음을 아끼지 않으신 선생님!

2세기에 가까운 세월을 뛰어넘은 두 분의 인연은 시공을 초월하여 자유자재로 넘나들 듯하다. 그 자그마한 정자에서 우리는 한승원 선생님이 불러온 한시대의 걸출했던 위인, 다산과 추사를 만난 듯 한껏 행복했다. 참 좋은 시간을 우리는 가슴에 담고 그 잊지 못할 차 맛을 오래 기억하리라.

구산선문의 한 자락인 가지산 보림사를 가기 위해 우리는 아쉽게 달 긷는 해산토굴을 떠나야 했다. 득량만 바닷가에 파도소리를 들으며 서 있던 한승원 선생님의 시비詩碑들! 선생님의 시 <보림사 가는길>이 떠오른다.

보림사 가는 길

한승원

내 고향 장흥
보림사 가는 길 가장 자리의
가지산 봉우리들은
어깨를 마주 대고 옹기종기 앉아들 있어
서너 발쯤의 작대기 한 개만 있으면
이 봉우리에서 저 봉우리로 걸쳐 놓을 수 있다.

우리 비록 떨어져 살지라도
그대의 섬머리와 내 섬머리 위에
그런 작대기 하나 걸쳐놓고 살자.

—<한승원의 보림사 가는 길> 전문

그래 지치고 힘든 우리 삶에 그런 작대기 하나쯤 걸쳐놓고 살 일이다. 가끔은 허황한 꿈에 젖어도 보고 향기로운 차 향기에 물정 없이 취해서 세상 밖으로 훌쩍 떠나도 볼일이다.

상서로운 곳에 은거하고 있을 연인처럼 그리워했던 은자隱者들을 만나볼 일이다.

저만큼 가는 가을의 뒷모습이 다향茶香 속에 허허롭다.

(2009)

무두대의 행복

'

"함머니 나는 참 햄복(행복)해 함머니. 나는 챠__ㅁ 햄복해."

아직 어려서 이응자 발음이나 좀 어려운 된소리가 들어간 어휘를 잘 발음이 안 되는 손주가 장난감 코너에서 산 팽이를 가슴에 꼭 끌어 안고 백화점 에스컬레이터를 타고 내려오면서 하는 말이다 "래훈아. 그렇게 행복해?"

"응 나는 햄복해! 엄마한테는 비밀이야 함머니! 나는 무-한대로 햄복해. 아니 무두대로 햄복해." 사들인 팽이가 열 개도 넘어 에미가 더 사지 말라고 했기에 저와 나만의 비밀인 것이다. 그런데 사건은 거기서 발단되었다.

에스컬레이터 앞에 서서 계단을 내려가던 젊은 부부가 어린아이의 앙증맞은 목소리에 반해서 뒤를 쳐다보다가 앞으로 기우뚱 하면서 앞에 있던 사람들의 등을 밀었기 때문에 서로 부딪치며 넘어지지 않기 위해 서로 끌어안는 위험한 해프닝이 벌어지고 말았다. 다행히 다친 사람은 없어서 한숨 놓았지만 나는 그들에게 미안하다고 죄송하다고 사과를 해야 했다.

어린아이의 입에서 앙증맞은 목소리로 우리가 평소에 잘 사용하지도 않는 어휘들을 조잘대고 있으니 너무 기가 막히고 어이가 없는 듯 쳐다보다가 귀여워 죽겠다며 아이의 볼을 비벼주고 웃음바다를 이룬 채 사건은 무마되었다.

근무 중이던 여직원 두어 명이 무슨 일인가 하고 왔다가 사건의 전말을 듣고는 귀엽다며 아이를 자기 코너로 데려가서 손님들에게 나누어주던 선물을 이것저것 챙겨서 한아름 안겨 주는 게 아닌가.

"함머니 누나들이 왜 나한테 이렇게 선물을 많이 주는 거까(걸까)."

"응 너는 왕자님을 닮았으니까." 백화점 언니가 아이의 볼을 꼬집으며 웃는다.

어디서 배워 왔는지 요즈음은 무한대라는 말을 자주 사용한다

녀석의 재롱을 보느라 "할머니를 얼만큼 사랑하는고." 물으면 "아주 많이 하늘만큼 땅만큼 우주만큼 아니 무한대로 아니 아니 할머니 무두대로…." 계산없는 할미의 사랑을 아는 듯 아이는 제가 알고 있는 어휘들을 다 동원해서 나를 기분 좋게 녹여 놓는다. 무한대의 개념을 되풀이해서 설명을 해줘도 녀석은 막무가내로 무두대 무세대 무네대 하며 억지를 쓴다. 무한대의 한을 하나를 지칭하는 숫자의 개념으로 인식해버린 아이의 고집을 꺾을 수 도 없고 또 그 역시 어린이다운 재미있는 발상이다 싶어 요즈음은 나도 아이와 같이 있을 때는 무두대 무세대 무아홉대도 써 먹는다.

아이와 나 둘이서 나누는 이상한 대화를 들으며 웃음을 참지 못하던 아들내외는 너무 어이가 없다는 듯 "어머니는 래훈이하고 수준이 딱 맞으십니다." 애비가 한마디 한다.

할머니도 우리 훈이를 땅만큼 하늘만큼 우주만큼 무한대 아니 무열대보다 더 사랑하지!

한바탕 사랑타령이 끝나면 녀석은 할미의 등에 업혀서 잠들기를 좋아한다. 동그란 얼굴에 뽀얗고 흰 살결 조그만 입에서 어디서 어떻게 익혔는지 예쁘고 사랑스런 말들만 하늘의 천사인 양 조잘대고 있으니 어찌 사랑스럽지 않을 수 있으랴!.

애비의 말대로 할미의 수준이 아이와 동급이면 어떠랴. 아니 아이의 수준에 못 미친다해도 괜찮다. "할머니 왕 아일 러뷰." 볼에다 뽀뽀를 수없이 하며 메모지에 삐뚤삐뚤한 솜씨로 할미에게 보내는 연서를 쓰고 하트를 열 개씩 그려 할미에게 보내는 이 사랑스럽고 소중한 나의 분신, 눈에 넣어도 진정 아프지 않을 세상의 다른 무엇과도 바꿀 수 없는 진정한 나의 사랑을 대할 때 그까짓 수준이 문제이랴!

"할머니 이건 무슨 냄새야. 이건 무슨 색이야. 할머니 하늘은 왜 파란색이야."

"할머니 나 움직이는 토끼 사주세요. 엄마한테 강아지 사주라고 할머니가 말해주세요." 호기심도 많고 장난기도 많은 건강하고 귀여운 아이.

어느 날 아이가 나한테 전화를 해서 토끼를 사달라는 주문이다. 나는 당연히 장난감 토끼를 사달라는 뜻으로 알고 "당장 사 주마."

고 흔쾌히 대답을 했다.

"함머니 움직이는 토끼 사 줘야 돼." "그래야지 움직이는 토끼를 사 주지." 나는 그때 운전 중이고 해서 생각없이 승낙을 했는데 옆에 있던 에미가 전화기를 빼앗아서 펄쩍 뛰는 것이다. 어머님 재가 살아있는 진짜 토끼 사달라는 거예요! 사주신다고 약속하시면 안돼요. 에미의 대답은 단호하다. 그렇겠지, 아파트에서 토기를 기르기는 곤란하겠지…. 움직이는 토끼라 움직이는 토끼, 나는 너무 어이없고 아이의 기발한 언어 감각이 재미있어서 한참을 웃었더니 옆 차의 사람들이 내가 혼자 웃는 것이 이상한 듯 힐끗힐끗 나를 바라보는 것이다.

혹시 남에게 책잡힐까. 외적인 폼 잡는데도 신경을 필요 이상으로 쓰는 소심한 성격의 내가 어린 손주의 재롱 앞에 이렇게 속수무책으로 허물어지고 있는 것이다. 사람들이 나를 보고 좀 나사가 빠졌구나 하겠지. 허지만 뭐 그게 대수랴! 또 수준이 아이와 딱 맞는 수준이면 어떠랴. 이 무미건조한 세상에 녀석의 얼굴만 떠올려도 이렇게 가슴이 벅차오고 유쾌한 웃음이 때와 장소도 없이 절로 터져 나오는 것을…….

다음 달에 있을 동창회에서 나는 또 틀림없이 벌금을 내고 손주 자랑에 열을 올리며 푼수를 떨 게 분명하다. 짓궂은 친구들이 손주 자랑을 할 시는 과중한 벌금을 부과하여 동창회 기금으로 책정을 해 놓았기 때문이다.

"하모 하모 벌금을 낼끼구마. 니 아무리 잘난 척 해 싸도 이 무한대 아니 이 무두대의 진정한 행복을 알 수 있겄나. 모를끼다. 모를끼다. 세상사 돈으로 다 돼도 이것만은 돈으로도 안 되는 기라."

나보다 먼저 할머니가 된 경상도 친구의 거드는 말이 아니라도. 맞다, 돈으로도 안 되는 게 있지, 내가 내 형제 보증을 섰다가 재산을 좀 버렸으면 어떠랴! 날린 돈이사 투자해놓은 셈치면 언젠가는 새끼를 달고 꼬리를 달고 다시 돌아오겠지. 많은 재산을 날렸기로 왕 푼수노릇을 하기로 뭐 어떠랴!

나에게는 돈 아니라 금은보화로도 셈할 수 없는 이 무두대의 넘치는 행복이 있는데…….

나이 들어 차츰 빛을 잃어 시들해져가는 우리의 삶에 하나님께서는 고마우시게도 지극한 삶의 희열을 때맞추어 선사하시다니 참으로 공의로우심에 틀림없다. 한심한 듯 나를 힐긋대는 그들을 옆 차선으로 따돌리고 아이와 부르던 <곰 세 마리>를 허밍하며 액셀러레이터 페달에 가속을 한다. 참으로 화창한 봄날이다.

(2004. 10.)

그건 안 되겠는데요

사람이 나이가 들면서 늘어가는 것 중 하나가 자식에 대한 정이 아닌가 싶다. 젊은 시절에는 너 나 없이 하는 일도 많고 돌아봐야 할 온갖 삶의 질곡들이 사람들의 마음을 허둥대게 하기 마련이어서 주위를 돌아 볼 겨를도 없이 코앞의 것만 챙기며 살아가기가 일쑤인 듯하다. 그래도 개중에는 빠짐없이 이것저것, 아래위 챙기고 살피며 정을 주고 사는 부지런하고 다정한 이들이 있기 마련이어서 세상은 그런 대로 살맛나는 세상인지도 모른다.

하지만 나는 예나 지금이나 주변머리 없이 허둥대며 살아가는 편이어서 자식 중한 줄은 알면서도 살뜰이 챙겨주지 못하고 사랑해 주지 못한 게 못내 미안하고 안쓰러운 마음이다.

요즈음 아이들은 5세 이전에 자기 부모에게 평생에 할 효도를 다한다고 한다. 우리 세대의 할머니들 간에 유행하는 손주에 대한 정의다.

하나님은 공의로우시게도 인생의 뒤안길에 접어들어 온갖 회의와 절망으로 가슴을 앓고 있을 황혼을 바라보는 고비에 손주라는 혈연으로 이어진 귀한 보석을 선물로 내어놓으신 것이다.

혈연으로 이어진 이세상의 다른 무엇과도 비교할 수 없는 귀하고 귀한 소중한 나의 분신! 이처럼 신비하고 귀여운 존재를 부족한 나에게 선물하시다니 이 얼마나 감사하고 경외로운 선물인가. 한 생애를 통하여 가장 사랑스럽고 귀한 존재, 나의 분신 나의 손주!

어디에서 이같이 소중하고 귀한 아름다운 존재를 내 삶의 여정에서 확인할 것인가.

배냇짓을 해가며 잠이 들던 나를 닮은 얼굴, 이 세상의 경이와 온갖 환희를 다 가져다 준 존재 손주! 녀석이 이젠 제법커서 나와 비중있는 대화가 오고 간다.

디스크 통증이 있는 어느 날, 나는 아이들 집에서 며칠을 보내야 했다.

녀석은 할머니가 제 집에 머물고 있으니 좋아서 의기양양하다.

무조건적인 할미의 사랑을 등에 업고 에미가 금지하는 아이스크림이나 만화 영화 프로를 제 욕심껏 보려는 눈치가 역력하다.

그런 손주가 귀여워 언제나 할미는 제 손을 들어 줄 것을 아이는 이미 알고 있기 때문에 통과가 불가능한 사항을 내가 있을 때 제 에미에게 제의를 한다. 눈치가 뻔하고 약아빠진 녀석은 제가 하고자 하는 일들을 할머니의 뒷배를 방패 삼아 제 에미를 이

겨먹는 것이다.

에미가 내 아픈 허리를 밴드로 감아주고 스트레칭을 도와주고 있을 때였다.

"할머니는 왜 우리 집에서 안 자고 맨날맨날 할머니 집에만 가요?"

에미 곁에서 팽이를 갖고 놀고 있던 아이가 나를 보며 볼멘소리로 하는 말이다.

"그럼 할머니가 맨날맨날 너와 같이 너희 집에서 같이 살까?"

아이는 초롱초롱한 눈에 빛을 띠며 좋아서 정말요! 정말요!를 연발한다.

"그러지 뭐 그럼, 우리 훈이 말대로 너희 집에서 같이 살지 뭐."

"와 신난다. 할머니." 아이는 탄성을 울리며 환호한다,

그런데 내가 진실로 웃음을 웃은 것은 아이의 다음 대답이었다.

"그런데 훈아, 할머니가 네 집에 와서 같이 살면 네 엄마가 많이 힘들 텐데……. 할머니 밥도 해주어야 하고 빨래도 해주어야 하고 할머니 심부름도 해주어야 하는데 그러자면 네 엄마가 굉장히 힘이 들 거야. 그래도 할머니가 너희 집에 같이 살면 좋겠어?"

나의 이 말에 아이는 종알대던 입을 다물고 갑자기 표정이 굳어졌다.

눈망울을 반짝이며 미간을 찌푸린 채 한동안 대답을 못하고 제법 심각한 표정으로 고민을 하는 듯하였다.

나는 아이가 아직 어려서 내가 너무 어려운 질문을 한 것 같

기도 하고 괜한 말을 했나 보다 그래서 아이가 딴짓을 하고 있거니 생각하고 에미도 나도 화제를 다른 데로 돌리려고 하는데 아이가 그 예쁜 손으로 나의 팔을 툭툭 치면서 나를 바라본다.

아이는 표정이 제법 심각했다.

"할머니 그건 안 되겠는데요."

나를 빤히 쳐다보며 도리질을 하는 게 아닌가. 그리고는 낮은 목소리로 심각하게 천천히 말했다. 아이의 어이없고 엉뚱한 말에 나도 내 아픈 다리를 주무르고 있던 제 에미도 박장대소를 하지 않을 수가 없었다. 에미는 자기가 시켜서 그런 것도 아닌데 민망한 듯 얼굴이 붉어진다. 너무 많이 웃어서 눈물이 날 지경이었다.

나는 아이의 대답이 늦어지는 것이 어떤 결론을 내리기 위한 것보다는 대화의 핵심을 벗어나 딴 생각을 하는 것이려니 했는데 아이는 그 문제를 자기 나름대로 크게 고민을 한 나머지 자기로서는 최선의 결론을 내리려 심각했던 것이다. 너무 뒷통수를 맞은 것 같아 실소를 했지만 아이의 현실을 보는 영악함에 나도 에미도 혀가 내둘러졌다.

"손주를 귀여워하느니 방아깨비를 귀여워하랬다고 너 이 녀석 할머니가 맛있는 과자 안 사준다."

이 별 볼 일 없는 엄포에 아이는 도리어 의아한 얼굴이다. 내가 앞뒤없이 저를 이뻐하고 챙겨도 한 치 건너 두 치라고 제 에미의 존재가 그토록 절대적인 것이다.

아주 어려서부터 감성이 뛰어나서 첫돌이 안 되어 작은 포대기에 안겨서도 슬픈 음악을 들으면 입술을 삐죽이며 울던 아이, 길가의 작은 꽃에게도 이름 모를 작은 나비나 새에게도 사랑의 말을 오물거리던 유별나게 나를 감동시키던 아이이긴 하지만 나는 녀석의 그 말에 서운키는커녕 예전보다 더 사랑스럽고 더 귀여울 수가 없다. 사리를 제대로 분별하지 못할 어린 나이에도 제 에미를 그토록 챙길 수 있다니 얼마나 대견하고 믿음직한 마음 뿌듯한 일인가.

자기가 갖고 싶은 것을 단념하고 에미를 챙기는 지극한 애정을 가진 아이, 나는 내 손주가 앞으로도 이처럼 제 의사표시를 확실히 하며 애정이 깊은 아이로 자라기를 소망한다. 자기의 의사를 분명히 하자면 바르고 진실된 확고한 가치관이 정립됐을 때 가능한 것 아니겠는가.

이튿날, 에미와 애비가 선물을 한아름 안은 아이를 앞세우고 내 집엘 왔다

"그건 안 되겠는데요." 하고 함께 살기를 거부한 그 말을 전해들은 애비가 아이를 앞세우고 사과를 하러 온 품새다.

아직은 내 나이 젊어 같이 살자고 해도 내가 사양하는 편이지만 그래도 아들은 나에 대한 아이의 정면거부에 무슨 변명이라도 해야 마음이 편했던 모양이다 .

민망해하던 제 에미가 철저하게 교육을 시켰는지 아이는 대문을 밀고 들어오며 큰소리로 "할머니 괜찮아요. 우리 집에서 살아도 괜찮아요."를 연발한다.

"네 엄마 힘들어도 괜찮을까."

"괜찮아요. 엄마는 힘이 세니까 괜찮아요. 그리고 할머니 사랑하니까요."

"할머니 왕 아이 러브유." 애교를 떨며 내 목을 끌어안는다 녀석의 작고 통통한 어깨를 나도 꼭 끌어안으며 할머니도 왕 아일러브유다.

참으로 자식이란 이리도 따뜻하고 살가운 것이구나.

말 한마디 아니 그 존재만으로도 이렇듯 기쁨과 생기를 주고 삶의 빛깔을 이토록 선명하고 아름답게 색칠해 줄 수 있다니…. 녀석은 또 힘들여 잘 정리해 놓은 내 방 책장을 형편없이 어질러놓고 컴퓨터 아이콘을 엉망을 만들어놓고 있다. 언젠가 녀석이 내 한글파일을 뒤바꿔 놓고 지워놓는 바람에 그걸 복구하느라 얼마나 애를 먹었었던가.

다른 이가 그랬다면 펄펄 뛰고 노발대발 화를 냈을 내가 그게 뭐 대수냐는 듯 잘했어 괜찮아! 를 연발하며 아이의 볼을 비벼주는 무골충같이 휘어지기만 하는 이 노릇! 이 한심한 푼수 노릇을 어찌할꼬! 참으로 못 말리는 사랑이다.

가정에는 어린애가 있어야 사는 맛이 난다는 말이나 눈에 넣어도 아프지 않다는 표현은 참으로 지당하신 말씀이다.

이 메마른 세상에 그 존재 하나만으로도 만족한, 넘치는 행복을 나에게 선사하시다니 얼마나 큰 하늘의 축복이랴! 할머니는 오늘도 너를 향해 "왕 아이 러뷰." 란다. 아! 하나님 참으로 감사합니다.

이렇게 깊고 아름다운 진정한 사랑을 알게 하시다니….

(2003. 9.)

기도로 커가는 꿈

나는 아들 하나에 손자가 둘이다. 이 세상에 나를 통한 내 피붙이의 전부다.

딸이 있어야 한다고, 그래야 비행기를 탄다고 법석을 떨지만 팔자에 없는 딸을 어찌한단 말인가. 입에 거품을 물어봤자 별 수 없는 일, 나는 내 자식들에 만족한다.

아들과 며느리가 내게 공손하고 손주 녀석들의 할미 사랑 또한 대단하다.

나 또한 그들을 한없이 사랑한다.

녀석들의 표현대로 하늘만큼 땅만큼 그보다 더 많이 사랑한다.

아마도 자식자랑 푼수 없다는 말이 내게 해당될 듯, 나는 내 새끼들을 아끼고 사랑한다.

나를 닮은 성격에 나를 닮은 모습의 내 새끼들을 바라보면 가슴에서 따뜻한 행복감이 시도 때도 없이 저절로 솟아난다. 자식

사랑이 비단 나뿐이랴만 자식들과의 관계에서 조율이나 제어가 안 되기로 나는 아마 수준급일 것 같다.

요는 소통의 방식인데 아들며느리와는 달리 소통의 방식이 불필요할 만치 느긋하고 자유자재하다.

하지만 손주 녀석들과는 영 다르다. 안 보면 보고 싶고 궁금하고 안쓰럽고 안달이 나고 걱정이 된다.

이것들이 공부는 잘하고 있는지, 학교에서 왕따 당하는 건 아닌지, 감기는 들지 않았는지, 아이스크림이나 초콜릿 등 너무 단 음식을 너무 많이 먹지는 않는지 공연히 안절부절 생각을 폈다 뒤집었다 감았다 풀었다 그 지경을 높이며 넓혀간다.

그렇다고 그들에게 도움이 되는 것도 아니면서 또 녀석들에게 큰 호응을 얻는 것도 아니면서 혼자 수선을 떠는 것이다. 짝사랑도 셈이 안 되는 한참 짝사랑인 셈이다.

어느 날 녀석들이 에미 애비와 함께 내 집엘 왔다. 이것저것 녀석들에게 줄 선물을 찾아내고 음식을 준비하고 중국요리를 시키고 법석을 떤다.

내 컴퓨터는 오자마자 작은 녀석에게 이미 접수된 지 오래고 간신히 정리해 놓은 책이나 집기들도 순식간에 엉망이 되는 건 시간 문제다.

남들이 내 책이나 컴에 손을 대는 건 어림없는 노릇이지만 이 녀석들은 제 것처럼 자유롭다.

참 무골충처럼 휘어지기만 하는 노릇이라니…….

식사가 끝난 후 과일을 먹으며 녀석에게 물었다.

"우리 훈이는 대학에 가서 무슨 공부를 할 건가?

"음악이요!" 녀석은 망설임 없이 큰소리로 대답한다.

중3까지 피아노를 시키는 에미에게 나는 속으로 못마땅했지만 이면에 녀석의 뜻이 숨어 있었구나 직감했다. 집중해서 국-영-수를 공부시켜야 할 시기에 피아노 레슨을 시키다니 염려가 되었지만 제 자식 제가 공부시키는데 내가 나서서 참견하기가 뭐해서 이제껏 참아왔었다.

"무슨 음악을 할 건데?"

"할머니, 나는요 대중음악을 할 거예요."

"대중음악이라니……. 그중에 노래를 할 거야? 악기를 할 거야? 뭘 할 거야?"

나는 아이의 대답에 당황해서 기절을 할 지경이었다. 가슴이 쿵하고 내려앉는 소리를 낸다.

좋은 학문을 해서 쉽고 편하게 자기 일생을 살아가게 하고 싶게 대다수 부모들의 바람일 터이다. 그런데 대중음악이라니……. 녀석은 내 염려와는 상관없이 제 포부를 나에게 과시하고 있다.

"할머니, 제가 지금 악기를 3개를 만질 수 있어요. 피아노, 기타, 바이올린, 이렇게 셋이요. 그래서 이제부터 제가요 작곡을 더 열심히 공부할 거예요. 그래서 대한민국의 음악계를 통합할 거예요. 내 음악세계로 통일을 할 거예요. 할머니!"

"그래서 월트디즈니처럼 멋진 프로덕션을 만들 거예요." 녀석은 자신만만하고 거침없다 못해 황당하다. 녀석은 대한민국의 음악을 자기가 좌지우지하는 양 의기양양하다. 녀석의 저 자신감은 도대체 어디서 오는 걸까 의심스러웠지만 나는 황당한 내색을 비치지 않고 녀석이 진지한 표정으로 대답했듯 나도 진지한 표정으로 그의 의견에 동조하는 듯 좀 허풍스레 말끝을 올린다.

"어머나 어떻게? 어떻게 우리 훈이가 그렇게 멋진 꿈을 가지고 있을까 너무 멋지다."

내 앞뒤 없는 칭찬에 녀석은 더 신이 났다.

"우리니라에 우리 대중 음악을 이끌어가는 3대 엔터테인먼트 회사가 있는데요. 이 3개 회사를 제가 통합을 할 거예요."

"통합을? 그 큰 회사를? 그러면 너무나 좋지! 훌륭하다 훌륭하고 말고……. 정말 멋지다. 그런데 그 잘나가는 회사를 네가 어떻게 통합을 할 건지 그 방법론을 말해줄 수 있을까."

"그럼요 다 계획이 있지요 할머니! 할머니, 내가요 지금 작곡을 공부하고 있어요.내 곡이 히트해서 뜨기 시작하면 내 파워가 커지기 시작하고 훌륭한 뮤지션들이 내 앞으로 몰려올 거예요. 그러면 내가 3개 회사를 통합해서 내가 대표가 되는 건 시간문제예요. 할머니, 아무 걱정하지 마세요."

"걱정은 무슨! 할미는 우리 훈이를 믿지! 믿고 말고……. 우리 훈이는 정말 그렇게 될 거야. 자기 꿈을 실현하는 멋진 사람이 될 거야! 되고말고……."

나는 그의 말에 전연 토를 달지 않고 동의하고 공감해준다.

녀석은 자신만만하다 못해 의기양양하다.

"그렇지만 그러기 위해서는 얼마나 많이 노력을 해야 할까."

"알고 있어요. 할머니!" 녀석은 천연덕스레 잘도 대답을 한다

나는 녀석과의 대화에 차츰 빠져들기 시작하고 나의 동조에 신이 난 아이는 제 부모에게는 핀잔을 들을까봐 하지 못하던 그간의 포부를 마음껏 털어 놓고 있었다.

왜 아니 그랬으랴! 고등학생이 대학입시에 매진해도 모자랄 시기에 기타를 들고 다니며 각종 공연팀에 합류하여 공연을 하거나 팀을 만들어 팀의 리더로 활약을 하고 있다니…….

그만큼 공부를 소홀히 하였으니 제 에미 애비에게 얼마나 많이 걱정과 경고를 들었을까는 뻔한 노릇이다.

한참 수능시험을 준비해야 할 녀석이 기타를 들고 홍대 앞을 누빈다니 쿵 하고 가슴 내려앉는 소리를 내지만 내색은 못하고 침만 삼킬 수밖에 없었었다.

"아는 것이 힘이 아니라 하는 것이 힘이란다." 이미 진로를 스스로 결정하고 그 길로 매진하고 있는 아이에게 달리 주문할 알맞은 말도 없고 그냥 열심히 한 우물만 파라는 평이한 충고만 할 수밖에 없었다.

그렇다. 세상이 변하기도 했다지만 세상에서 가장 사랑하는 내 혈육을 가시밭길이 뻔한 대중음악의 세계에 선뜻 내보내고 싶은 부모가 세상에 어디 있으랴! 더구나 청주 곽씨가 무슨 큰 양반인 듯 법도나 체통을 앞세우는 고루한 충청도 양반인 곽씨 문중의 할배들께 뭐라고 고해야 하나 참 난감에 난감이다.

하지만 어쩌랴! 혀를 끌끌 찰 그들에게 나도 할 말은 있다. 성현도 종시속이라 하지 않던가.

시속 따라 변화해가는 아이들의 사고를 어찌 좋다 그르다 잘라 말할 수 있으랴!

나는 두말 않고 녀석의 가는 길을 축복하고 응원해주고 싶다.

어려서부터 감성이 민감한 아이더니 그예 제 길을 가는가 싶다. 아주 어려서 포대기에 싸인 아이였을 때도 애조 띤 음악소리를 들으면 금방 눈두덩이 붉어지며 흐느껴 울고 감미로운 음악에는 큰소리로 옹알옹알 옹알이를 잘도 해대던 아이! 길가에 핀 작은 풀꽃 하나에도 한없는 애정을 보이던 특별했던 아이, 녀석의 손을 잡고 거리를 걷다가 운동화 뒤축에 묻은 흙을 털려고 가로수 둥치를 발로 차듯 문지르자 아이는 내게 느닷없는 핀잔을 퍼부었다.

"아프잖아!" 나무가 아파하니 나무를 발로 건드리지 말라는 경고다. 나는 혀가 잘 돌지도 않은 어린아이의 호통에 얼굴이 빨개지도록 민망해야 했었다.

그 얼마 후던가 아이가 네 살이 되었을 때 우리는 속초로 뒤늦은 피서를 갔었다. 속초항에서 바다를 바라보며 환호하고 있을 때 아이는 나를 보며 "함미! 응까!" 하며 파도가 부딪는 한 곳을 가르키고 있었다. 아이가 가리키는 곳에는 어항마다 파도를 막는데 필요한 커다란 시멘트 삼발이가 아무렇게나 던져져 있었다.

나는 너무나 깜작 놀라서 말문이 막힐 것 같았다

정말로 그것이 잘 눈여겨보면 여자의 둔부와 닮아있다. 아이는 거기서 이미 여성의 둔부를 읽어내고 있었던 것이다. "함미 응가! " 말을 할 수 있는 어휘라고는 엄마 아빠 함미 밖에 모르던 어린아이의 눈에 그 크고 둔중한 어항의 삼발이에서 여성의 둔부를 읽어 내다니 기가 찰 노릇이었다. 그토록 어려서부터 착하고 예민하던 감성이 특별나던 아이!

다리가 떨어진 방아깨비를 숲 속에 놓아주며 잘 가라고 인사하고 돌아오다 도로 찾아가서 "엄마한테 가야 해!" 하고 애정어린 충고를 잊지 않던 심성이 착하고 예쁜 아이,

나는 그런 내 손주가 정말로 훌륭하게 잘 커서 그의 따뜻한 음악으로 여러 사람이 공감하고 행복해하기를 바란다. 또 그걸 틀림없이 이뤄 내리라 믿는다.

월드디즈니는 자기 꿈의 실현을 위해 2000번에 가까운 설득의 집념 끝에 자기의 포부를 실현할 수 있는 계기를 만들어 냈다고 한다. 내 아이도 월드디즈니처럼 수백 번의 노력과 집념으로 자기의 꿈을 일궈낼 것을 믿는다. 나는 그의 다부진 포부가 황당하다고만 생각하지 않는다. 꿈은 꾸는 자의 것! 희망은 가지라고 존재하는 것 아닌가.

녀석이 인도하는 5인조 밴드는 오늘도 홍대 앞에서 공연을 한단다. 저런 야무진 꿈을 갖고 용기있게 커가는 아름다운 아이를 내게 주신 하나님 아버지!

이 세상을 위해 밝고 따뜻한 음악을 만들어내는 큰 뮤지션으로 키워 그의 음악으로 온 인류가 구원받고 위로받는 아름다운 세상이게 하옵소서.

진실로, 진실로 감사의 기도 드리옵니다. 세상이 온통 당신의 은총입니다.

(2013)

제4부

비움의 미학

비움의 미학 • 1
-가야금

가슴에 덩그라니 남의 가슴까지도 울릴 수 있는 커다란 울림통을 지니고 있는 악기, 모두 다 비워낸 빈 가슴에 줄을 매어 울림으로 모습을 드러내는 목질의 악기, 가야금이다.

나는 현악기 중에서도 가야금을 좋아한다. 사지四肢는 물론 뼈도 심장도 없이 타고난 육질까지도 삭히고 말려 가벼워진 깃털처럼 아름다운 음색이고 단아한 모양새다. 팽팽히 당긴 줄을 튕길 때마다 깊은 울림으로 다가오는 맑고 환한 소리들! 환골탈태한 가볍고 맑은 소리들이 심산계곡의 물 흐르는 소리이듯, 푸른솔숲의 솔바람 소리이듯 시원하고 청아한 가락을 풀어놓는 천상의 악기 가야금!

때로는 청아하고 때로는 그윽하고 때로는 애처롭고 교태롭다. 소리들이 물 들여가는 아름다운 세상, 그 맑고 고은 소리들이 달빛을 타고 다가오면 달빛은 금빛이다. 은빛이다. 물색 고운

명주실이다. 둥근 달 속을 걸어 나온 항아님이 달빛을 잡아당겨 탄주하는 천상의 명주필이다.

몇 해 전 호암아트홀에서 황병기 교수가 연주하는 가야금의 선율에 흠뻑 빠진 일이 있다. R. 스트라우스의 푸른 도나우강이나 은파같은 아름다운 곡들을 연주할 때 물 흐르듯 건반을 스치고 가는 그 소리의 비단결이다. 아름다움이다. 매혹이다. 온전히 자신을 비워낸 자만이 낼 수 있는 맑고 빛나는 소리이다.

가야금이나 바이올린 첼로 같은 현악기들의 소리는 떨림의 소리이다. 그 떨림의 파장들은 자기를 완전히 비워냈을 때에만 비로소 득음되는 깊은 울림의 소리이다. 온전히 비워낸 가슴에 현의 울림을 받아 스스로 우는 고아한 소리.

참하 그리웠던 연인이 밟고 오는 꽃잎이 피는 가슴 떨리는 소리이다.

캐나다와 미국의 동부와 서부를 가르는 분수령인 로키 산맥에는 수목한계선이 있다고 한다.

나무가 자랄 수 있는 한계선이다. 산을 집어삼킬 듯한 심한 광풍에 더 이상 키를 키우지 못하고 무릎을 꿇고 있는 나무, 심한 바람에 잎과 가지가 휘어지고 둥치까지 쏠려서 마치 무릎을 꿇은 듯 보이는 이 나무들을 세상에서는 '무릎 꿇은 나무'라고 부른다.

참을 수 없이 심한 고통과 잎을 피우기조차 힘든 역경 속에서 목숨을 부지했던 이 무릎 꿇은 나무로 최상급의 악기를 만든다는 사실은 이미 알려진 상식이다. 세계적인 명연주자들이 가지고 있는 최상의 악기, 스트라디 바리우스는 장인이 자기의 영혼을 담아 만든 악기라지만 세기를 아우르는 최상의 장인인 그가 택한 악기의 재료가 또한 자기를 온전히 낮추고 비워낸 가벼운 영혼으로 그에게 다가가 낮아진 그의 영혼과 온전한 합일을 이루었기 때문이 아닐까. 그리하여 악기를 만든 장인의 혼이 목질 깊숙히 스며들고 녹아들어 이토록 오래 우리 곁에 남아서 천상의 소리로 우리의 영혼을 흔드는 게 아닐까.

바이올린은 서양의 대표적인 현악기이겠지만 가야금 역시 우리의 대표적인 현악기임에 틀림없다. 이 가야금을 만들 때 악기의 윗부분은(상단부) 오동나무를 쓰고 아랫부분(하단부)은 밤나무로 만든다고 한다. 바이올린 역시 윗부분은 전나무로 만들고 하체와 목부분은 단풍나무로 만든다고 한다.

가야금의 봉미를 밤나무로 만드는 것은 목질의 단단함 때문에 가야금의 가장 중요한 줄의 장력을 견디는 아주 중요한 역할을 담당하기 때문이다.

희囍 자를 가운데 넣고 좌우에 해와 달의 문양을 낸다.

봉미에 뚫린 24개의 구멍은 줄을 고정시키는 부들 줄을 끼우기 위함이다. 그리고 호두나무로 만든 안족에 열두 줄을 얹는 것이다.

오동나무와 전나무는 그 울림과 떨림이 다른 나무에 비해 뛰어나다고 한다. 그러나 오동나무라고 해서 다 질 좋은 소리를 낼 수 있는 건 아니다. 30년 이상 100년 가까운 세월을 곧게 잘 자란 오동나무를 베어 바람과 그늘에 말리고 물에 젖고를 수년을 반복해야 한다. 마치 옛날 우리 조상들이 침향목을 만들기 위해 마을의 가장 잘난 향나무를 베어 민물과 바닷물이 만나는 곳에 묻어 두고 매향비를 세워두었듯이……. 천년의 세월이 흐른 후 그 향나무 토막이 침향목이 되어 용틀임을 하며 용처럼 물 위에 떠오르는 날 미륵이 온다고 믿고 염원했듯이…….

세상에 존재하는 나무들 중 가장 고급한 쓰임새라 할 수 있는 악기의 재료로 쓰임받기 위해 나무들이 겪어야 하는 고행은 참으로 만만치가 않다. 악기가 되기 위해 선택된 나무들은 피를 말리듯 비워내고 토해내야 한다. 악기의 무게를 줄이고 온도나 습도 같은 주변 환경에 강하기 위해서는 자기의 체중을 최대한 감량해야 한다. 햇빛에 말리고 서늘한 그늘에서 말리고 다시 비바람에 적셔서 말리고 젖기를 반복하면서 오동나무는 꺼먼 진액을 한없이 쏟아 낸다고 한다. 전나무 역시 자기의 피를 말리면서 쌀뜨물 같은 진한 체액을 수없이 흘린다고 한다.

자기의 내면, 속내까지 다 토해내고 나서야 비로소 나무로서는 가장 영예로운 삶, 즉 아름다운 악기의 몸체가 될 수 있는 것이다. 하늘을 찌르던 거목의 당당함을 버리고 깃털같이 가벼운 차림새로 부활한 고고한 악기, 그렇게 다 비워내고서야 아름다움과 존귀함으로 부활하는가 보다.

그렇다. 비워내지 않은 가득 찬 것에 우리는 소중한 것을 담아 둘 수가 없다. 누군가를 위해 무언가를 위해 우리는 진정 얼마나 가슴을 비워두었던가. 마음자리마다 욕심껏 채워 놓은 탐욕이 우리 스스로를 무겁게 짓누르고 있음을 알면서도 내가 가진 것 하나도 내려놓을 용기가 없는 우리들의 자화상은 늘 너무 차(滿)있어서 궁핍하다.

공수래공수거를 입으로는 되뇌면서도 우리는 죽음 직전까지도 탐욕의 등불을 꺼트리지 않는다. 채워야 할 내면보다는 겉치레에 더 신경 쓰는 비겁함과 우매함과 교활함이 스스로를 감옥으로 몰고 가는 우를 범하고 있는 우리들.

언제 우리도 나 아닌 남을 위해 아름다운 소리를 낼 수 있는 영혼의 악기가 될 수 있을까.

가야금 열두 줄을 타고 온 색색의 질펀한 소리들이 방안을 채우고 어두워진 창밖 동녘에 소리 없이 뜬 둥근달을 향해 날아가고 있다. 그윽하고 아름다운 소리들이 오색 달빛을 섞어 자아낸 금빛 비단실로 누리를 덮고 있다. 참 아름다운 가을밤이다.

(1999)

비움의 미학 • 2
-바보 예수

호주의 신학자 마이클 포로스트는 ≪바보 예수≫라는 책에서 예수님의 고난의 삶을 '바보'라는 두 음절로 간단히 요약했다.

만연된 다신多神주의가 가져온 인간의 탐욕으로 팽배한 당시의 사회의 해악과 위선을 무장해제 시킨 위대한 신의 아들 예수의 힘은 오직 정직성과 단순성에 있었다고 갈파한 것이다.

프로스트는 또 바보의 순진성은 어떤 난관도 이겨내는 활력소라고도 했다.

지구상의 많은 인구, 또는 선진 문화국임을 자처하는 서구사회가 경배하여 맞이하는 하느님의 독생자 예수를 '바보'라고 간단히 치부해버린 프로스트의 해석은 이제까지의 어느 신학자의 학설보다 우수하고 정확해서 명쾌하다. 바보가 아니고 어찌 그 어려운 고행의 길을 마다하지 않았을까. 진리와 진실은 이렇듯 구구한 변명을 필요로 하지 않는가 보다.

얼마 전 세종문화회관에서 김수환 추기경의 드로잉전이 열렸다. 개인전은 아니지만 그의 모교인 동성고등학교 개교 100주년을 기념하는 전시회였다.

그런데 거기 출품된 그의 자화상의 제목이 <바보야>였다. 신앙인이 아니어도 그의 행적이나 이름을 모르면 간첩이라 할 그 어른의 자화상이 바보라니……. 종교나 신앙의 유무를 떠나 굴곡 많고 험난한 한국의 현대사를 몸으로 관통해온 우리들의 정신적인 지주로 우뚝 서 계신 추기경님의 키워드가 바보라니, 이 얼마나 멋진 해석이랴! 하기사 예수님이 바보였다면 그의 목자로 예수님의 뒤를 따르는 추기경 역시 바보임에 틀림없을 테니까……. 그렇다. 바보를 구주로 모시는 우리 기독교인이 바보처럼 살지 않고 너무 잘난 체 너무 아는 체를 거듭하며 살지 않았는가. 너무 잘난 체 자기만 정의로운 체… 가진 체… 있는 체… 아는 체… 우리는 예수님의 손수 행하신 가르침을 잊고… 체를 거듭하며 살지 않았는가. 뒤돌아볼 일이다.

우리가 사랑하고 존경하여 닮고 싶어 기도하고 경배하는 예수님이 바보라면 바보들이 만들어 가는 세상은 얼마나 아름다울까. 어떤 고난도, 난관도 웃고 넘어가고 어떤 잘못도 다 웃음으로 용서해주고 서로 양보하며 서로 사랑하며 살지 않겠는가 말이다. 외눈박이 세상에 가면 정상적인 두 눈을 가진 사람이 병신이 되듯 그런 엉뚱한 희망이 실제로 실현되는 바보들이 마음 놓고 살아갈 수 있는 바보들의 세상이었으면 좋겠다는 생각이 자주 든다.

늦은 달밤에 형제가 서로 상대방을 위해 볏단을 져 나르던 아름다운 이야기처럼 서로 양보하고 서로 용서하다 보면 이 세상이 얼마나 따듯하고 아름다우랴! 가증스런 중상모략이나 소리 높여 싸움질할 일도 없겠고 국가나 민족간에도 서로 총뿌리를 겨누는 피비린내 나는 전쟁은 지구상에서 없어지지 않을까?

개인은 끝없는 자기만의 탐욕을 채우기 위해, 국가는 자국만의 이익을 위해 가증스런 구호를 내걸고 이 땅을 피로 적셔왔다. 개인은 개인대로 국가는 국가대로 민족은 민족끼리 패싸움을 벌이는 한심한 전쟁의 현장은 우리의 상상을 초월하는 인간 비극의 광장이다. 철학과 윤리나 도덕같은 평화를 위한 차원 높은 학문들이 세상을 넘치게 채워가고 있지만 우리가 피부로 느끼는 평화는 그리 쉽지 않다. 강대국들의 끝없는 자존심 대결에 우리는 또 얼마나 보이게 보이지 않게 피해를 입어야하는 건지,

인간 자체를 도륙하는 끔찍한 전쟁이나 보이지 않는 피 싸움인 경제적 전쟁도 다 잘난 사람들의 자기과시나 내지는 자기실현 때문이다. 민족 간의 전쟁이 어떤 개인을 위한 것이 아니고 전체를 위한 최후의 수단이겠지만 이로 인해 개인이 감수해야하는 상처는 헤아릴 수조차 없이 크고 많고 길다. 열거했듯이 나는 이 세상이 잘났다고 자기가 이 세상에서 가장 바르고 옳다고 판단하는 사람이 너무 많아서 탈이라고 생각한다. 넘치게 잘난 사람들만이 너무 많아서 일으키는 사고들인 것이다.

이제는 글로벌 시대라고 한다. 나만, 내 가족만, 내 나라만, 내 민족만 생각하는 우물 안 개구리식의 협소한 편견을 버리고 지구촌

인류를 위한 대승적인 개념의 청사진이 필요하다.

예수님을 바보라고 간단히 갈파해버린 프로스트의 명쾌한 해석은 참으로 인간적이다. 채우고 익어서 완성된 그릇에서만 표출될 수 있는 사랑과 용서와 양보는 예수님이 아니고는 불가능하다. 예수의 그 고난의 행적을 우리가 믿고 경배하는 것은 그분의 아낌없이 줄 수 있는 바보 같은 사랑 때문이리라. 요즘 잘난 사람들처럼 계산된 사랑이 아니고 바보같이 우직하게 줄 줄밖에 몰랐던 한결같던 그의 삶, 꾀를 써서 벗어날 수도 있는 고난을 굳이 짊어지고 나선 바보 같은 예수님! 동양화의 여백이 보는 이로 하여금 충만하게 하듯이 예수의 정직과 순수함이 우리를 푸근하게 감싸주는 것 아닌가. 이 세상은 잘난 사람이 모자라서가 아니라 너무 넘쳐서 세상이 힘들어진다. 불경의 금자탑인 금강경의 핵심이나 육바라밀의 진리 역시 나보다는 남을 먼저 배려하는 것에서 기쁨을 얻는 진리라고 한다.

어느새 가을도 깊어 간다. 한여름을 자랑하던 잎새들도 스스로 떨어져 새봄의 뿌리를 위한 자양분을 공급하는 따뜻한 이불이 되고 있다. 소리없이 제 역할을 담당하는 잎새들처럼 화려하게 앞으로 나타나는 스타가 아니라 남모르게 필이 꽂히는 그런 사람이 그리운 요즈음이다. 그런 미륵 같은 얼굴을 만나러 길을 떠나야 겠다. 더 늦기 전에 느릿느릿 달리다가 스위치 백도 되는 느린 속도의 기차를 타고 영동선 가파른 길을 올라가는 동네를 여행 해야겠다. 삼척시 도계읍 심포리와 나한정역을 잇는 그 느림의 미학이 보여주는 여유로운 그곳, 숨을 헐떡이며 올라가다 힘겨우면 뒤로 미끄러지기도 하는 그 여유로운 느림의 미학이 보여주는 추억 같은 기차를 타고 태백의 산세가 마을까지 내려와 있는 그곳엘 다녀와야겠다. 그러다 보면 잘못 계산된 내 삶도 스윗치 백 되는 여유로움을 맛보지 않겠는가.

(2000)

감사와 웃음의 마력

어느 날 한 장의 그림을 보고 큰 충격을 받은 적이 있다.

서가에 책이 가득히 꽂혀 있는 서실에서 한 노교수가 보리빵 한 개를 앞에 놓고 두 손을 모으고 감사의 기도를 드리고 있는 한 컷의 흑백 사진이었다. 구도가 간단하고 선이나 빛의 처리도 단순하여 흔히 볼 수 있는 평범한 사진이었다. 그러나 반백이 넘은 성근머리칼의 노교수가 초라한 보리빵 한 개를 앞에 놓고 드리는 감사의 기도가 얼마나 경건해 뵈는지 나는 한참이나 그 사진에서 눈을 돌릴 수가 없었다. 진실은 이렇듯 작은 일에서도 깊은 감동을 동반하게 되는가 보다.

활자매체나 영상매체의 홍수로 웬만한 사건이나 사진은 별 의미를 부여받지 못하는데 그 사진은 충격적일만치 내 가슴에 쿵하고 얻어맞은 듯 전율로, 내 영혼의 깊은 곳을 흔들고 있었다.

일생을 학문에 바쳤음 직한 노학자가 굳은 보리빵 한 개를 앞에 놓고 감사의 기도를 올리고 있는 모습! 그 광경은 무어라 말할 수 없이 경건해 보여서 파장이 큰 충격으로 나를 울렸다. 감사한다는 것은 얼마나 아름다운 모습인가. 매사에 감사를 모르고 오만방자했던 내 자신, 모두가 내 탓인 오늘의 나의 실패를 늘 남의 탓으로만 돌리고 싶어 했던 나 자신이 갑자기 부끄럽기 짝이 없이 생각되었다.

우리 삶에서 1%만 생각을 달리해도 우리 삶의 질이 달라질 수 있다고 한다.

그래, 우리는 감사해야 한다. 살아있음에 감사해야 하고 이 세상의 수많은 생명 중에 만물의 영장인 사람으로 태어나게 하심에 감사하고 구원해 주심에 감사하고 하루하루 감사한 일은 너무나도 많다. 너무나 많아서 우리는 그 감사한 마음을 잊거나 잃거나 하고 있는 것 아닌가. 작은 일에도 감사할 줄 아는 사람들이 만들어가는 세상, 얼마나 아름다우랴!

노벨의학상 수상자인 하버드대학의 한스 셀리 교수는 그의 교수 퇴임 연설에서 스트레스가 인체의 건강에 미치는 영향력에 대해 연설했다. 청중은 그의 열정적인 연설에 기립박수로 노학자의 퇴임을 축하하고 위로했다. 스트레스에 대한 연구로 노벨의학상을 수상한 셀리 교수의 업적은 어느 누구의 의학적 성과보다 영향이 크다. 그의 연설이 끝나고 한 학생이 질문했다. “이 복잡하게 얽히고설킨 현대사회에서 어떻게 스트레스를 받지 않고 살 수 있는가.” 물었을 때 노 교수의 대답은 명료하고 단호했다. “감사하는 마음으로 사십시오.”

그렇다, 감사하는 마음이 충만할 때 우리는 행복하다. 작은 일에 감사할 줄 아는 삶의 지혜, 이것은 그물처럼 얽히고설킨 복잡한 관계의 삶을 살아내야 하는 우리들에게 절대적으로 필요한 덕목들일 것이다.

크게는 하나님께, 나라에게, 민족에게, 부모님께, 이웃에게, 친구에게, 그리고 내 자신에게……. 작은 일에도 감사할 줄 아는 따뜻한 마음일 때 자신은 물론 이웃에게 더 나아가 사회에 얼마나 큰 반향을 일으킬 수 있는지 그 가능성은 무한하리라. 그뿐이랴! 우리를 살아 숨쉬게 하는 자연에게, 공기에게 물에게 나무에게 바람에게 별에게 유장한 강물, 그 낮은 흐름을 바라볼 수 있음에 감사하고, 감사하는 마음이 파도처럼 밀려와서 우리 삶을 따뜻이 색칠한다면 얼마나 아름다운 세상일까. 상상만 해도 즐거운 일이다.

타인을 힘들게 하면 자기 스스로도 힘들 것은 자명하다. 좀 더 많이, 좀 더 크게, 좀 더 높이, 하는 무리수가 우리에게 스트레스를 안겨준다. 그런 탐욕이 부정을 낳고 사람을 황폐시키고 사회에 혼란과 스트레스를 안겨준다. 감사하는 마음은 서로가 서로를 배려할 때 생겨나기 마련이다.

상대방을 위해 양보하고 헌신할 때 감사한 마음이 우러나기 마련이고 이 감사한 마음이 도미노현상이 되어 이 사회에 물결친다면 얼마나 좋을까 상상해 보라. 한없는 탐욕의 아귀다툼으로 칼날을 세우며 아옹다옹 큰소리내기 일쑤인 우리 사회에 감사한 마음이 확산되어 간다면 이 세상은 우리가 원하는 따뜻하고 살맛

나는 세상일 것이다.

원미구청에서 실시하는 한글교실 '할머니들의 편지' 공모작품을 심사한 적이 있었다. 생각보다 응모작 편수가 꽤 많았다.

어렵던 시절 가난한 가정에서 태어나 어려서부터 집안일 돕기 동생들 기르기에 학업의 기회를 잃고 까막눈의 막막한 삶을 살아온 눈물겨운 그들,

"나는 이제 내 이름을 쓸 수 있어요. 한문으로도 쓸 수 있고 영어로도 쓸 수 있어요. 얼마나 감사한지요. 글을 아니까 이렇게 세상이 밝고 넓고 부끄럽지 않고 좋은 것을……."

얼마나 아름다운 고백인가. 우리글을 읽을 수 있다는 너무나 당연한 사실을 놓고 그는 진심으로 감사하고 있는 것이다. 우리들이 미처 감지 못한 작은 것에의 감사, 물론 나는 그 할머니를 선選에 넣은 건 당연하다.

성경의 창세기는 6일 동안의 천지 창조를 기록하면서 하나님의 마음을 이렇게 적고 있다. "하나님이 그 지으신 모든 것을 보시니 보시기에 심히 좋았더라."(창 1:31) 많은 신학자들은 '심히 좋았다'는 표현에서 모세의 위대성을 찾고 있다. 그가 청년기 제왕학을 공부했다는 것은 이미 알려진 사실이다.

성경의 많은 부분이 고도의 메타포어로 이루어졌음도 우리는 알고 있다.

그러나 모세는 이 부분애서 메타포어가 아닌 "심히 좋았더라"라는 직설적인 감각언어로 표현했지만 영적 문학성이 이렇게 짙게 배어 있는 표현은 무척 드물다는 것이 그들, 성경학자들의 견해다.

스스로 창조하신 피조세계를 보시고 하나님께서 기뻐하신 것이다. 이것은 곧 하나님의 웃음이 아닐까.

그런 의미에서 항상 기뻐하는 것이 하나님의 뜻이라는 것은 너무도 당연한 신학적 결론일 것이다. 종교적 입장의 대입이 아니라도 우리의 삶에서 웃음은 가장 윗 순위를 차지해야 할 삶의 조건들이 아닐까. 웃어야 되는 이유에 대해 생리학적으로 분석하는 것은 이런 성경적인 의미에서 보자면 사실상 부질없는 접근이라 할 수 있다.

그러나 웃음의 원인은 한 정신과 의사로부터 예기치 않은 실험에 의해 밝혀졌다고 한다. 1989년 미국 UCLA 대학병원의 프리트 박사는 간질병으로 앓고 있던 한 소녀를 치료하던 중 웃음을 유발시키는 이른바 웃음보를 발견한 것이다. 인공 뇌파장치를 하고 검사를 하는 과정에서 왼쪽 뇌의 중상위부분이 뇌파의 자극을 받자 이 소녀는 갑자기 웃음보를 터뜨렸다. 프리트 박사는 대뇌의 좌측뇌에서 4㎠가량의 웃음보를 발견하는 쾌거를 이룬 것이다. 이 웃음보의 위치는 이성적 판단을 주관하는 앞이마 부분의 전두엽과 감정을 주관하는 대뇌 변연계가 겹치는 영역에 자리잡고 있다고 한다. 이곳을 자극하면 결코 우습지 않은 상황에서도 웃음을 터뜨리는 것이다. 약하게 자극하면 미소를, 좀더 강하게 자극하면 폭소를 터뜨린다.

스탠퍼드 의대병원 윌리엄 프라이 박사는 40년 동안 웃음과 건강의 함수관계에 대해 ≪약으로서 웃음≫이란 책자에서 무려 11가지를 제시했다.

여기에서도 웃음의 선물로서 엔돌핀이 생성된다는 것은 더 이상 강조할 필요가 없다.

미국 '토요리뷰' 잡지사 편집장과 UCLA 의과대학 교수였던 노먼 커전스 박사가 1964년 8월 매우 희귀한 관절염에 걸려 불치의 진단을 받고 혹독한 병마에 시달리다가 웃음치료로 완치된 사실은 의학 사상 유명한 일화다.

이 질병은 환자 500명 중 겨우 한 사람 정도 치료가 가능한 치사율이 매우 높은 불치병으로 뼈마디마디에 염증이 생겨 심지어 손가락도 정상적으로 움직이지 못하는 극심한 고통에 시달려야 하는 무서운 질병이다.

미국의 현대의학이 약물로 해결하지 못한 이 희귀한 난치병을 웃음이란 간단한 방법으로 완치시킨 것이다. 웃음치료를 시작한 지 얼마 후 사선死線을 헤메던 그가 통증 없이 테니스와 골프, 승마를 즐길 수 있었으며 사진작가이기도 했던 그가 그토록 그리던 카메라의 셔터도 손을 떨지 않고 누를 수 있었던 것이다. 1968년 완쾌 후 그는 그의 투병일지 ≪질병의 해부≫를 출판해서 미국에서 베스트셀러가 됐었던 사실은 우리들도 익히 알고 있는 팩트다.

예기치 않았던 질병으로 죽음의 문턱까지 갔던 그가 성서에서 찾은 마음의 약인(잠언 17:22절) 웃음을 통해서 죽음을 뛰어넘을 수 있는 확신을 가졌고 그는 이를 전파하기 위해 최선을 다했던 것이다

성서는 우리에게 무시로 웃으라고 명령한다. 그것도 웃음보가

발견되기 1500여 년 전에 "다시 말하노니 웃어라"(빌 4:4)고 강조했다. 만약 몸속에 이런 웃음보를 숨겨놓지 않고 마냥 웃으라고 역설했다면 성서는 전혀 실현 불가능한 행위를 강요한 것이어서 일찌감치 그 권위를 상실하고 말았을 것이다. 하나님께서는 이미 우리에게 미소의 아름답고 커다란 효능을 가르치려 하신 것이다.

이렇듯 감사하는 마음은 즐거움이 유발되고 그 즐거움에서 필연적으로 생성되는 웃음은 확실한 우리들의 건강 지킴이가 되어주는 것이다.

발달된 현대의학으로도 해결되지 않는 난제들이 성경 속에서 속속 해결되어 가는 이 오묘한 진리를 외면한 채 인류는 그동안 과학이라는 어렵고 복잡한 길로 힘든 방황을 했는지도 모를 일이다. 감사하는 마음과, 용서하는 마음과, 양보하는 마음과, 배려하는 마음들이 모여 우리얼굴에 사랑의 미소를 짓게 한다.

이 모든 아름다운 말들이 종합되면 사랑이라는 더 아름다운 말이 된다.

토인비가 "인류의 역사란 낮은 종교에서 고등종교로 가는 길이다."라고 갈파했듯이 참으로 종교는 우리 삶에 가장 중요한 감사함과 사랑을 가르치고 있지 않은가. 웃자 웃자 감사하자! 아름다워서 웃고 감사해서 웃고. 오! 하나님 당신은 사랑이십니다.

감사한 마음이 아지랑이처럼 피어나는 아름다운 봄날입니다.

(2009. 4.)

김 법계화金 法界華

불가佛家에서 법명法名을 얻는다는 것은 대단히 영광된 일이다.

불법의 세계를 구현하시려는 부처님의 나라에 이름을 올릴 수 있도록 불가의 이름을 부여 받은 것이니 어찌 영광이 아니랴! 나는 불가에 이름을 올릴만한 불자도 아니면서 외람되게도 법명을 하사 받았으니 어찌 부처님 앞에 송구스럽지 아니하랴!

그것도 종단의 큰 어른 되시는 석주 큰스님에게서 무상으로 김 법계화金 法界華란 이름을 받았으니 이 아니 기쁠쏜가! 여러 가지로 빚을 지게 된 것 같아서 기쁜 마음 가운데도 양심에 비추어 가려운 곳이 많다.

어린 시절 어머님은 내 손을 잡고 산 너머에 있는 마곡사엘 자주 가셨다. 절 가까이에 작은 아버님 댁이 있어서 이기도 했지만 나는 작은댁보다는 절 구경하는 걸 더 좋아했다.

큰 시냇물이 흐르는 다리를 건너 고목들이 울창한 큰절로 가는 길은 언제나 나에게 설레임과 신기함으로 가득한 신비와 두려움 그러면서도 환희의 길이었다.

충청남북도의 조계종단의 사찰을 관장하는 총림이었던 마곡사는 매우 유서 깊은 절로 그 규모가 크고 방대해서 어린 나로 하여금 경탄과 후련함을 느끼게 하는 큰 절이었다. 아버님께서는 독립운동을 하시던 김구 선생님께서 이곳에 은둔해 계셨던 것을 늘 자랑스럽게 말씀하시곤 하셨다.

그럴 때의 아버님은 당신께서 직접 독립운동이라도 하신 양 얼굴에 긴장감을 띠시며 열정적으로 말씀하셔서 우리들은 지금도 그 어른께서 일경日警의 눈을 피해 그곳 절의 어느 후미진 구석방에 숨어 계신 듯 착각을 하곤 했다. 그리고는 숨을 죽이며 탑을 돌기도 하고 커다란 목어가 매달린 툇마루에서 방안을 훔쳐보며 김구 선생님은 어떤 얼굴이실까 궁금해 하던 나의 유년은 온통 부처님의 온화하신 미소로 점철된 시간들이었다. .

절에 가실 때면 어머님은 내 손을 잡으시고 스님을 뵙는 자리에서는 세 번 절을 하라고 일러주셨다. 이렇듯 나와 절의 인연은 내가 철들기 전 어머님의 치마폭에서부터였다고 본다.

물탕으로 불리던 동네 맨 끝 꼭대기, 산밑 큰 바위 아래` 있는 작은 암자는 어머니가 초하루 보름으로 정성들여 불공을 올리시던 절이다. 위로 딸만 넷을 두시고 아들을 낳지 못한 어머님께서는 지극 정성으로 불공을 드리시며 아들을 점지해 주실 것을 간구하셨다.

추수한 첫 번째 작물 중 제일 좋은 것으로 골라 어머님은 맨 먼저 부처님께 불공을 올리시는 정성을 해마다 거르지 않고 지키셨다. 시골이지만 비교적 여유가 있던 우리집은 어머님께서 그 절의 재정을 거의 담당하다시피 하는 연유로 우리 집의 행사를 위주로 절의 모든 행사가 이루어지곤 할 정도로 어머님의 불심은 지극하셨다. 불공이 있는 날이면 우리 형제들은 으레 그곳 절 집에 가서 놀곤 했다. .

그 절은 우리 학교의 잦은 소풍처가 되기도 했고 동네 사람들의 피서처가 되기도 했다. 어머님이 편찮으실 때면 으레 절집의 아주머니가 우리 집에 오셔서 불경을 외우기도 하셨고 무언가를 어머니와 상의하고는 하얀 무명 부대에 쌀을 한가득 담아서 작은 일꾼의 등에 지워 보내곤 하셨다. 그런 인연으로 나의 유년과 장년기의 사유의 기저에는 은연중 불교적인 사상이 자리 잡고 있었다.

하기야 나뿐만이 아니라 우리 사회 전체에 유교적인 것과 불교적 사고나 사상이 자리하고 있음은 누구도 부인할 수 없는 자연스런 현상이라고 본다.

유불 사상은 불교를 꽃피운 고려조와 유교를 국시로 삼은 조선조를 통해 우리 민족은 천 년여를 두고 몸과 마음을 담아온 영혼의 뿌리가 아닐 수 없지 않은가.

근세 들어 기독교의 출현으로 우리들의 의식의 기준이나 척도가 서구형으로 바뀌어 가고 있지만 그러나 이렇듯 면면히 이어온 우리 민족의 종교였던 불교나 유교를 어찌 배제하고 우리 민족의 정서를 말할 수 있으랴! 나도 나이 들어 여러가지 풍파를 겪으면서 기독교로 개종을 했지만 상대방의 종교를 전연 인정하지 않는 유일신 사상으로 인한 극단적인 편협함에 부딪힐 때마다 내 의식의 저 밑바닥에 자리한 화엄의 넓은 뜰은 아직도 내가 쉬고 싶은 푸근한 꽃밭이다.

사업 실패라는 아픔을 겪으며 갑자기 나빠진 허리디스크를 치료하러 아산 신동춘 교수 댁에 머물 때의 일이다. 기氣치료를 잘하여 큰 효험을 본 신 교수가 전래의 동양의학을 시큰둥하게 여기는 나를 아예 그곳으로 끌어내린 것이다. 그곳에서 우연히 조우하게 된 전규태 교수님은 그때 막 췌장암 수술을 끝내고 아산의 보문사에 머물고 계셨다. 나는 가끔 신 교수님와 전 교수님 셋이서 점심식사나 차를 나누곤 했다. 셋 모두 다 건강이 신통치 못하다는 이유만으로 그리고 서울을 떠나와 타향살이를 하고 있다는 이유로, 시를 쓴다는 이유로, 우리는 가끔 만나 회포를 풀곤 하였다.

그럴 때마다 전 교수님은 지금 자기가 머무는 절에 석주 스님이 머물고 계신다며 찾아뵙기를 권했다. 석주 큰스님이야 불자가 아니더라도 만나 뵙고 싶은 큰스님이시니 일부러 찾아 뵈려 해도 쉽지가 않은 일일 텐데 좋은 기회가 아닐 수 없다. 그러나 사람 사는 일이 뭐 그리 분주한지 찾아뵙자고 언약을 하고서도 짐짓 무슨 일이 생기고 또 무슨 행사가 겹치고 해서 기회가 되지 못했었다. 그러기를 몇 번, 드디어 만사 제쳐놓고 보문사로 석주 스님을 뵈러 길을 나섰다.

대개의 경우 절은 낮으막한 산 밑에 위치하거나 심산일 경우 경계좋은 심산에 자리하는 게 보통의 우리의 상식인데 이곳 보문사는 넓은 들의 논밭이 둘러싸인 벌판의 작은 동산 아래 자리하고 있었다. 석주 스님께서 직접 창건하신 절이라고 한다. 전연 절이 있을 것 같지 않은 곳, 소나무가 몇 그루 위엄있게 서 있는 작은 동산을 돌아드니 아담한 사찰이 고즈넉히 아름다운 모습을 드러냈다.

전 교수님의 안내로 요사채에서 공양을 마치고 주지 스님의 인도로 우리는 석주 스님이 계신 별실로 안내 되었다. 문을 열자 새로 지은 다실茶室인 듯한 요사채에 소나무 향기가 가득하다. 통나무로 된 소박한 마루며 벽까지 은은한 솔향이 풍긴다. 온갖 사치를 다한 고급한 집보다도 더 아름답고 격이 있다.

안방 벽을 가로지른 굽은 소나무 둥치에서 배어나는 솔향이 세상의 어느 향기보다도 향기롭고 그윽하다. 전연 가공한 것 같지 않은, 산에서 베어다 껍질 만 벗겨낸 소나무의 질감, 굽은 둥치는 굽은 그대로 사용한 그 투박하고 정겨운 소나무 질감이 주는 넉넉함과 푸근함이 사람의 마음을 사로잡고도 남는다.

나는 주지 스님이 따라주시는 차맛보다도 방안에서 은은하게 풍기는 솔향에 더 취하고 있었다.

한참 후 석주 큰스님께서 나오셨다.

자그마한 체구에 깡마르신 스님께서는 연세에 비해 매우 정정하시다.

저 작은 체구 어디에 이 나라의 시끄러운 불교교단을 휘어잡은 위엄이 있으셨을까. 행정이면 행정, 수행이면 수행, 포교면 포교 다방면에서 조용히 그리고 부지런히 맡은 바 소임을 다 하신 크신 스님!

"훗날 불교 인물사에서 스님의 어떤 업적이 가장 부각될까? 다시 물을 필요 없이 역경불사일 것이다. 대다수의 불경이 어려운 한문으로 기록되어 쉽게 접하지 못하던 일반인들에게 쉬이 읽을 수 있도록 한글화에 지대한 공을 남긴 석주 스님!

1961년, 현 동국역경원의 전신격인 법보원을 설립해 활발하게 불서들을 출판, 역경불사에 활력을 불어 넣었던 장본인이 바로 석주스님이시다.

2002년 9월 3일 18권이나 되는 한글 대장경이 완역된 것은 불교사의 대단한 업적이다. 석주 스님의 한결같은 원행이 아니셨다면 이런 큰 불사가 마무리되기는 쉽지 않았을 것이다.

한글대장경 완간기념 회향대법회가 한창 준비되고 있는 동국대 대각전에서 열린 역경후원회 법회(삼장법회)에서 역경원장 월운스님이 대중들이 보는 앞에서 "우리 종단에 석주 큰스님이 안 계셨으면 이렇게 한글대장경이 완간되기는 어려웠을 것."이라고 말하자 박수가 터져 나왔었다. 다소 쑥스러워 하며 법상에 앉아 있는 석주 스님을 향해 월운 스님이 3배를 올리자 대중들도 덩달아 일어나 3배를 함께 올렸다. 전혀 예정에 없던 상황이 벌어진 것이다. 말석을 지키던 나도 벌떡 일어나 대중을 따라 삼배를 올렸음은 당연하다. 이 얼마나 아름다운 광경인가. 지금도 불자들 중에 회자되는 그윽한 일화다.

스님은 우리에게 차를 권하며 전부터 안면이 있으신 신 교수와 정담을 나누셨다. 신 교수야 대한민국의 이름난 불자시니 두 분의 정담은 차고도 넘치신다.

큰스님들의 근황을 말씀하시던 스님께서 갑자기 내가 입고 있던 옷에 관심을 보이셨다. “이건 비단옷이구먼.” 나는 석주 스님의 뜬금없는 이 말씀에 얼굴이 홍당무가 되어 어쩔 줄 모르고 쩔쩔매고 있었다.

사실은 평소에 잘 입지 않던 옷이라 큰스님을 뵈온다니 신경을 써서 나로서는 예를 갖추려 입은 옷인데 아뿔사! 스님의 눈에 너무 화려한 옷으로 간주되어 버린 모양이다. 곤색 실크에 난초가 수놓인 폭 넓은 긴 치마, 윗저고리는 매화가 수놓인 짧은 연분홍 실크 블라우스인데 스님 보시기에 불가의 검박함에 거슬리신 모양이다.

스님의 그 말씀에 나는 부끄럽고 송구해서 쥐구멍을 찾고 있었다. 속된 내 마음을 일시에 들켜버린 듯 얼굴이 달아올랐다.

옆에서 시중을 드시던 주지스님이나 신 교수는 웃으셨지만 나는 마시던 차가 목에 걸릴 정도로 당황했다. 그런 나의 태도에 스님은 껄껄 웃으시며

“아니야 아니야. 모습이 고와서 물어 본 게야! 이름이 무언고.” “아무갭니다.” 내가 기어들어가는 소리로 대답하자

“무슨 일을 하는고?” 재차 물으셨다.

어설픈 글을 가지고 시인이라 자칭하기가 민망하여 내가 대답을

못하고 또 쩔쩔매자 전 교수님께서 나를 대신하여 "시인입니다. 시를 아주 잘 씁니다." 대답하신다.

"그렇구먼! 자태에 썩 어울리는구먼!" 하시면서 법명의 유무를 내게 물으셨다.

내가 말을 잘 못하고 우물쭈물하자 신 교수가 옆에서 말을 거들었다.

"이 사람이 원래는 불자인데 요즘 예수를 믿는다고 외도를 하고 있습니다."

하시며 나를 변명하신다.

이럴 때 나는 어찌해야 하는지…….

나는 큰 잘못이라도 한 듯 주눅이 들고 무어라 변명을 늘어놓기도 무안하여 아무 말도 못하고 얼굴만 홍당무가 되어 있었다.

석주 큰스님께서는 신 교수의 그 말에는 개의치 않으시고 주지스님에게 종이와 붓을 가져오라 말씀하셨다. "내가 이름을 지어줘야겠구먼! " 큰스님의 갑작스런 말씀에 어안이 벙벙한 나를 비롯 방안에는 한동안 침묵이 흘렀다. 큰스님께서는 한동안을 궁리하시는 듯 아무 말씀 없으시다가 김 법계화法界華라고 작은 종이에 크게 써 주셨다.

'온 세상을 빛나게 하는 보살'이 되라는 뜻이라 말씀하셨다.

왜 불자도 아닌 나에게 불명을 하사하시는지, 더더욱 이럴 때 나는 어떻게 처신해야 되는지 알 수가 없어 그냥 감사한 마음으로 받아들일 수밖에 없었다.

옆에서 지켜보던 두 분 교수님은 이름을 부여받은 나보다 더 좋아하셨다. 오래 불가에 몸을 담은 진정한 불자들도 이런 행운을 받기는 정말 쉽지 않은 일이라며 삼배를 올리고 받으라고 나에게 일러 주었다. 그러시면서 스님께서는 "내년 4월 서울 칠보사에서 수계식이 있으니 그리로 오라."고 말씀하셨다.

나는 물론 그 해의 수계식에 참석하지 못했다.

나는 지금도 스님이 적어주신 그 이름표를 지갑의 맨 깊은 곳에 소중히 간직하고 있다. 그리고 가끔씩 석주 큰스님의 크신 족적을 바람결에 들을 때마다 지갑 속의 내 이름을 떠올리곤 한다.

내가 내 짐이 무거워 가지 못한 그 길! 어머니가 밟고 가신 그 길! 그 푸근하고 아름답던 길 위에 요즈음도 닿지 못한 내 그리움이 가끔 바람결에 휘날린다.

(2003. 06.)

(석주 스님은 2004년 음력 10월 3일 아산 보문사에서 입적하셨다. 세수 96세, 법납 82이시다.)

상선약수上善若水

찰스 다윈(Charles Darwin1809~1882)은 그의 저서 ≪종種의 기원≫에서 지구상에 존재하였던 많고 많은 생물들 중에서 어떤 종이 마지막까지 살아남았는가? 라는 질문에, 변화에 적응하는 능력을 가진 종이라고 답하였다. 힘이 세고 근육이 강한 종이 아니다. 지능이 높은 종도 아니다. 변화에 적응할 수 있는 능력이 있는 종種이 끝까지 살아남을 수 있었다고 갈파한 것이다.

동물이나 식물은 물론 목숨이 있는 어느 종種도 이에 해당한다고 볼 수 있다. 먹이사슬로 연결된 많고 많은 지구상의 생명체 중에 하루가 다르게 바뀌고 변화 되어가는 변화무쌍한 시대에 종족을 번성시키며 살아남기란 결코 녹녹한 일은 아닌 것이다.

지능이 높고 힘이 강한 종種이 아니라 변화에 제대로 잘 적응해가는 종이 최후까지 살아남을 수 있다니 그는 이미 21세기의 급속히 변화해가는 대단한 물질문명을 예감하고 있었던 것일까.

21세기 들어 우리의 삶의 패턴은 상당한 변화가 요구된다. 다윈이 말했 듯 살아남기 위해서는 시시각각 변하는 변화에 발빠른 적응을 해나가야 한다. 21세기는 디지털 시대이다. 시간차를 두고 쏟아져오는 정보가 숨을 헐떡이게 한다. 다각화된 세상의 방편들이 우리들을 보이게, 보이지 않게, 사방에서 조여오고 있다. 그렇다고 활자문화나 구식의 아날로그 방법론이 완전히 퇴각한 것도 아니다. 그 완충지대에 살고 있는 나이 든 세대는 참 어정쩡하다.

발맞춰서 따라가자니 미처 준비가 되지 않았고 외면하고 살자니 그 또한 불편하다.

컴퓨터나 핸드폰만 해도 그렇다. 기기에 채 익숙하지도 못했는데 다른 유형의 최신폰이나 높고 다양한 기능의 컴이 또 나온다. 컴이나 스마트폰이 이 세상에 나오지 않았을 때도 우리는 아무런 불편없이 살아왔었다.

작은 전화기를 가방이나 주머니에 넣고 다니며 통화만 해도 신기하고 행복했었는데 그런 기초적인 수준은 이미 옛이야기가 아닌가. 해마다 이름 앞에 그 숫자를 더해가는 스마트폰의 성능과 그 위력은 상상을 초월한다. 유용하게 이용할 수 있는 앱이 수백 가지가 넘는다고 한다.

어지럽다. 그렇다고 무시하자니 소통에서 밀려난다.

이른 아침 모닝콜에서부터 길을 나서면 어디든 척척 안내해

주는 내비게이터부터 각국 언어로 된 사전이며 날씨며 맛있는 음식점의 위치며 어두운 밤길의 플래시까지 인간의 삶을 좌지우지 지배하고 있다. 명령만 하면 무엇이든 척척 알려주고 해결해 준다. 이러다가 우리 인간은 문명의 기기에 종속되어 그들의 시녀가 돼버리는 건 아닐까. 정말 이대로 가다가는 인간의 얍삭한 지식이 낳은 결과가 스스로를 묶는 자가당착의 한심한 모양새가 되는 것은 시간문제일 것 같은 생각도 든다. 디지털의 고수들이 늘어놓는 미래의 앱들은 상상하기조차도 난해하고 기상천외하다.

얼마 전, 핸드폰을 잠간 잃어 버렸었다. 한국 문학평론을 하는 일본인 고노 씨와 인사동에서 만나기로 약속을 했다. MBC에서 8-15 특집으로 윤동주를 조명하는 프로에 내레이터 역할을 하는데 아무래도 방송이라 신경이 쓰여 한국어에 자신이 없으니 도와달라는 주문에 나는 쾌히 승낙을 했던 것이다. 약속한 날 나는 좀 일찍 출발해서 인사동에서 볼일을 좀 보고 전화로 장소와 시간을 정확히 체크할 참이었다.

그런데 아뿔싸! 전화가 없다.

나는 당황하지 않을 수 없었다. 인사동이야 늘 나가는 시쳇말로 우리들의 홈그라운드라서 약속장소는 어느 건물인지 알고 있지만 구체적인 장소와 시간은 확인하지 못한 터였다. 그와는 문단의 일로 자주 통화하는 편이라 다시 물어볼 참이었었다. 어림잡은 약속시간은 다가오고 인사아트 몇 층인지 정확히 알지 못하는 나로서는 걱정이 태산이다. 모처럼의 그의 부탁에 결례를 히고 싶지 않았다. 더구나 MBC방송 녹화인데…….

만날 장소에 도착은 했지만 약속한 사람은 보이지도 않고 몇 층 어디서인지 도무지 막막했다. 이만저만 막막한 게 아니었다. 도대체 어디다 어떻게 연락을 취해야 할지 갈피가 잡히지 않았다. 고노 선생의 전화번호는 물론 연락을 취할 어느 누구의 번호도 생각나지 않았다. 도무지 내 기억으로는 확인되는 게 하나도 없었다.

다행히 일층 입구를 지키고 있다가 마침 들어서는 고노 선생을 만나서 촬영팀에 합류를 하긴 했지만 그때 당황했던 기억은 오래동안 머리를 흔들게 했다.

수년 전까지만 해도 핸드폰을 상상도 하지 못하던 우리들인데 언제 이렇게 전화 하나 잃어 버렸는데 맨붕상태가 된단 말인가. 스스로 생각해도 어이가 없었다.

내가 언제부터 이렇게 핸드폰에 내 삶을 의지하며 살았던가. 스스로도 기가 막히고 한심스러웠다.

소설가 박경리 선생님은 그의 유고시집에서 "다시 젊어지고 싶지 않다. 모진 세월 가고… 아아… 편안하다. 늙어서 이렇게 편안한 것을… 버리고 갈 것만 남아서 참 홀가분하다." 하고 말씀하셨다고 한다.

"나이가 드니 마음 놓고 고무줄 바지를 입을 수 있는 것처럼 나 편한 대로 헐렁하게 살 수 있어서 좋고 하고 싶지 않은 것을 안 할 수 있어 좋다."

"다시 젊어지고 싶지 않다. 하고 싶지 않은 것을 안 하고 싶다고 말할 수 있는 자유가 얼마나 좋은데 젊음과 바꾸겠는가. 다시 태어나고 싶지 않다. 살아오면서 볼 꼴, 못 볼 꼴 충분히 봤다. 한 번 본 거 두 번 보고 싶지 않다.”

이것은 인터넷에서까지 떠도는 소설가 박완서 선생님의 말씀이다.

작가로서의 영예와 명성을 누리고 사셨지만 정신적으로 참으로 지난한 삶을 살아오신 두 분 선생님의 삶의 역정을 한마디 말로 보여주시는 듯해서 존경스러우면서도 가슴 아프다.

상선약수上善若水라는 말이 있다. 이 세상을 살아가는 지침서인 노자의 ≪도덕경≫의 한 구절이라고 한다. 가장 아름다운 인생은 상선(上善: 물처럼 사는 것)이라는 뜻일 것이다. 물처럼 그렇게 흐르면서 살다가 가는 것이 인생이라면 이처럼 인간의 삶을 진지하게 표현하는 말도 없을 듯싶다.

남과 다투거나 경쟁하지 않는 단순하고 조요롭고 순연한 부쟁(不爭)의 삶을 사시다가 가신 두 분 선생님, 오직 치열한 작품으로만 시대를 증언하시던 크신 선생님! 진실과 정의가 뿌리째 뽑혀 숨이 막히던 시절, 하나뿐인 사위가 영어의 몸으로 모진 고문 속에 살아가는 모습을 그냥 쳐다볼 수밖에 없었던 그 시절, 많은 세월을 묵언으로 살아오신 박경리 선생님. 선생님의 침묵은 차라리 절규보다 더한 통한이었으리라.

하나뿐인 아들을 먼저 보내고 슬픔을 이길 수 없어 “한 말씀만 하옵소서.” 신에게 고했던 지극히 평범한 어머니 박완서 선생님!

작은 텃밭을 가꾸시면서 조용조용히 삶을 걸어가신 선생님, 자신의 공을 남에게 과시하려 하거나 결코 다투려 하지 않는 상선약수의 초연한 삶을 사셨던 분이지 않은가.

선생님의 작품 <그 산이 정말 거기 있었을까>를 러시아어로 번역하려고 러시아인인 리 그리고리 씨와 함께 저자 승낙을 받기 위해 들렀던 아치울의 선생님 댁 서재는 큰따님인 호원숙 작가님에 의해 생전의 소박하던 그 모습 그대로 잘 보존되고 있어서 선생님을 뵈온 듯 마음이 푸근했다. 두 분 선생님께서 작품으로 우리에게 주신 교훈도 많지만 삶을 통해 손수 보여주신 절제되고 근면하셨던 삶은 두고두고 새겨 가야 할 자산의 산 교훈이리라.

상상을 초월하는 온갖 호사를 다 누리고 사는 요즈음 일부계층에 비해 두 분의 단순한 삶이 우리에게 가르쳐 주는 것은 무엇일까.

월든 호수의 데이빗 소로우의 자유와 단순한 삶을 지향하는 낮은 자세가 아니었을까.

노자가 이미 갈파한 흘러가는 강물처럼 부딪치는 모든 것들을 감싸 안고 소통하며 끊임없이 흘러가는 것.

두 분 선생님은 철 따라 흙을 파고 꽃과 채소와 나무를 가꾸면서 사신 노년의 빛나는 침묵을 가르쳐 주신 성자임이 틀림없다. 두 분 선생님께서 몸소 보여주신 여유롭고 조요로운 삶의 모습은 지금 우리가 허둥대며 남에게 뒤지지 않고 사는 것이 문명된 것인 줄 알고 따라잡기에 여념이 없는 몽매한 우리들에게 보내는 써늘한 죽비 소리 같은 메시지가 아닐까.

찰스 다윈은 변화에 잘 적응해야 살아남을 수 있다고 갈파하였지만 좀 적응하지 못하고 뒤처지면 어떠랴! 푸른 하늘을 유유히 떠가는 흰구름도 바라보고 솔숲의 푸르른 솔바람 소리도 들어가며 느슨히 살아가는 방법도 이 변화무쌍한 세상을 살아가는 한 방편이 아니겠는가.

2014

꽃달임
– 穀雨 무렵

4월 중순, 꽃소식이 너무나 화사해서 교태롭다. 눈을 떠도 꽃 세상, 눈을 감아도 꽃 세상이다.

"매화꽃이 한창이니 보러오시게! 꽃 자태가 슬프도록 고우이…."

아랫녘 00寺의 스님께서 꽃소식을 보내오셨다.

하동의 쌍계사 양갈래 꽃길이 아니어도 고궁의 숨겨놓은 정원이 아니어도 고개를 들면 온통 꽃 천지다. 신작로 가로수 길도 공원길도 아파트 화단에도 도시에도 농촌에도 지천인 꽃들이 저마다의 향기와 모양새로 오가는 눈길들을 붙잡고 유혹하고 있다 .

섬진강 매화가 만개했다고, 선암사 고매가 꽃망울을 터트렸다고, 백양사 고매가 피려한다고 쌍계사 벚꽃들이 층층히 꽃터널을 만든다고, 아우성들이다. 여인들의 꽃타령도 꽃들의 수다에 버금가듯 분분하다.

꽃을 보고 행복해하며 삶의 정서가 윤택해지는 게 비단 건조한 시대를 사는 우리뿐이랴!

우리의 조상들도 꽃을 보고 정신의 지평을 넓혀간 아름다운 풍속들이 많았던 것 같다.

다산 선생이나 추사 같은 희대의 학자들은 매화꽃이 벙글면 모여 시부를 논하며 차를 마셨다고 하니 이 얼마나 조선의 선비다운 멋스런 풍모인가. 지체 높은 반가의 풍속이 아니어도 우리 민족은 능히 자연의 향기에 감화 감동을 즐겨했던 것 같다.

다음은 1927년의 동아일보, 그러니까 일제의 압박 속에서 우리 정서를 말살당하고 있을 당시 곡우穀雨 무렵 <꽃달임>이라는 생동하는 새봄의 꽃을 즐기던 세시풍속을 적은 글이다.

일제의 학정에 가진 것 다 빼앗기고 힘든 삶을 살면서도 꽃달임을 즐기던 조상들의 멋과 풍류가 새삼 그리워진다 . 꽃달임, 얼마나 아름다운 우리말인가 얼마나 우리다운 정서인가

> 내가 어렸을 때라 하야도 지금부터 15,6년 전까지의 일입니다
>
> 그때는 따듯한 봄 3, 4월이 되면 和暢(화창)한 날자를 받어서 모다 山으로 놀나 들 갑니다.
>
> 兒孩들은 글방을 중심으로 하야 兒孩들끼리 靑年들은 청년들끼리 婦人은 부인들끼리 다 各各 <그름>이 되야 나갑니다.
>
> ....
>
> ....
>
> 다 각자 자기의 마음에 맞는대로 떡도 하고 술도 하고 채소도 작만하야 여러집 음식을한데 모아 노면 제집마다 특색있는 음식을 장

만하고 종류도 여러가지가 됩니다.

그래서 어느때에는 광대가를 튼 것도 부르지만은 四律을 짓거나 노래를 부르며 유쾌한 날을 山우에서 보냅니다

그러다가 夕陽이 되면 다 각각 헤어져서 산에 널려있는 진달내를 꺽어 가지고서는 꽃방망이를 만들어 들너 메고는 列을 지어 돌아옵니다. 이것이 일년에 한번 밧게 없는 (꽃다림)이라는 것인데 근년에는 생활이 모다 위축이 된 관계인지 이 유쾌하고 자미있는 모임이 업서 졌습니다

위의 글은 1927년 1월 27일자 동아일보에 기재된 곡우 무렵의 세시 풍속을 적은 글의 일부이다. 꽃철이 되면 삼삼오오 짝을 지어 꽃달임을 갔다던 내용이다 .

농가 월령가의 3월령에는

3월은 暮春이라 청명곡우 절기로다
춘일이 載陽하여 만물이 화창하니
백화는 난만하고 새소리 각색이라
당전의 쌍제비는 옛집을 찾아오고
花間의 범나비는 분분히 날고 기니
미물도 得時하여 自樂함이 사랑홉다
한식날 성묘하니 백양나무 새잎난다
雨露에 感愴함을 주과로나 펴오리라
농부의 힘든 일 가래질 첫째로다

....

....

조선의 으뜸가는 선비 정약용의 둘째 아들인 정학유가 그 시절의 농사일정과 세시풍속을 곁들여 적어놓은 자랑스런 우리의 노래다. 실학의 증인이셨던 다산 선생님의 자제분이니 이렇게 좋은 생활의 기록으로 우리 후세인들을 깨우치고 있으니 새삼 다산 선생님의 크신 족적이 그리워진다

3월은 暮春이라 청명곡우 절기로다
춘일이 載陽하여 만물이 화창하니
백화는 난만하고 새소리 각색이라
당전의 쌍제비는 옛집을 찾아오고
.....

이 얼마나 새봄을 상찬한 가락이랴.

곡우는 봄비가 내려 백곡을 기름지게 한다는 뜻이다.

우리조상님들은 곡우穀雨가 되면 볍씨를 물에 담그어 싹을 내기 시작하고 본격적인 농사일을 준비하기 시작했다. 겨우내 동면을 하던 모든 생명들이 기지개를 켜며 한 해를 시작하는 새 생명의 시기이다. 모든 크고 작은 목숨들이 겨우내 웅크리고 잠을 자다가 부스스 깨어나 새 삶을 준비하는 생동하는 시기에 사람들도 그들 새 생명을 축복하며 함께 그들과 동행했음이 새삼 자랑스럽다. 선인들이 노래했듯.

백화는 난만하고 새소리 각색이라
당전의 쌍제비는 옛집을 찾아오고
....
농부의 힘든 일 가래질 첫째로다
....

아버지는 이때가 되면 파종할 볍씨를 따뜻한 물에 불려 방안 윗목에 놓아두시고는 우리들에게 가까이 가지 말라고 이르셨다. 사랑방의 머슴들도 농기구를 갈고 닦고 본격적인 농시준비를 하시는 계절이 돌아온 것이다. 지금이야 비닐하우스를 설치해 난로 불을 피워가며 온갖 계절과일이나 채소들을 시도 때도 없이 길러내지만 우리 어릴 때만 해도 상상도 못하던 일이다.

곡우는 3월의 중기이며 (양력 4월 20일) 24절기 중 여섯 번째 절기다. 태양이 30도를 지날 때이고 동지로부터 119번째 날이다. 말랐던 땅에 봄비가 내려 온갖 목숨들이 한해의 생을 준비하느라 여념없는 나날들인 것이다.

어찌 저 미물들이 때를 알고 꽃을 피우고 잎을 피우며 죽은 듯 얼었던 가지에서 새순을 피워내고 벌래들은 긴 잠을 깨고 일어나 새 삶을 준비한단 말인가.

이 얼마나 축복받은 희망의 순간이더냐. 봄은 그렇게 부산스럽게 소란스럽게 연둣빛 왁자지껄한 소리로 우리 곁에 다가온다. 다가와 우리를 설레게 하고 행복하게 해준다.

이 어찌 하늘의 섭리가 아니랴! 저 화려한 봄꽃들의 아우성은 생명의 환희가 분출하는 대자연의 장엄한 교향악이다. 현 한줄 건반 한 개 틀리지 않게 잘 연주한 새 생명들의 대합창이다.

이 좋은 계절 우리도 새 생명의 대열에 동승하여 무엇인가 새로운 일에 도전하고 동참하는 꽃처럼 뜨겁고 아름다운 열정을 가져야하지 않겠는가.

저 꽃들이 다 지기 전에 벗들을 모아 나도 꽃달임을 즐겨야겠다.

꽃들이 시들기 전에…….

부석사 가는 길

떠 있는 두 개의 돌.

포개져있는 두 개의 돌은 정말 닿지 않고 떠 있는 것일까.

봄의 향취가 길목마다 서려 있는 남도의 꽃길을 따라 영주 부석사를 가기로 한 것은 지난해였다. 학창시절 수학여행까지 합치면 네 번째다. 온갖 애절한 설화와 기품 있는 고려적의 여인 무량수전이 있는 영주의 대가람 부석사, 발치마다 사과밭을 거느린 소백산 산자락이 병풍처럼 둘러있고 들판을 불어가는 바람이 붉은 사과 알 하나마다 부처의 모습을 새기고 있는 듯, 절도, 전설도, 산세도 능선도 숨막히게 아름답던 부석사,

떠 있는 두 개의 돌, "부석사浮石寺의 포개져 있는 두 개의 돌은 정말 닿지 않고 떠 있는 것일까." 신경숙의 이상 문학상 수

상작인 <부석사>의 한 구절이다.

현대 젊은이들의 메마른 삶의 모습들, 그 물기 없는 삶의 단면들을 포개져 있는 듯 보이지만 떠 있다는 뜻, 부석浮石을 슬쩍 빗대어 인간관계로 대치시킨 그 절묘한 설정, 가까이 가 닿아 있는 듯하면서도 서로 용해되지 못하고 각자의 다른 위치와 색깔로 서로만의 바벨탑을 바쁘게 쌓아 가고 있는 현대인의 건조한 삶의 모습들, 이것이 스스로 단절되어 가는 이 시대의 젊은이들의 쓸쓸한 현주소가 아닐까.

선뜻 내 보이지 못하는 의도된 침묵과 표출하지 못한 용기가 우리를 더욱 외롭게 하고 가까이 다가가려는 순수한 몸짓이 곡해되고 단절되어 소통되지 못하는 이 시대, 지극히 이기적이고 편협한 아집이 굴절을 거듭하며 끝내 그것이 상처로 남는 우리의 메마른 자화상, 새삼 용서, 이해, 화합 같은 낯익으면서도 낯설었던 키워드들이 이타의 삶을 권면하시는 부처의 설법이 되어 바람을 타고 절 지붕을 오른다.

부석사.

우리나라의 가장 오래된 목조건물인 무량수전이 있고 선묘낭자의 전설이 전해오고 있는 남도의 대가람, <무량수전 배흘림기둥에 기대어 서서>라는 최순우 선생의 절창의 수필 속, 선생께서 사무치는 마음으로 바라보고 또 바라보신 무량수전! 나도 선생처럼 둥근 절 기둥에 기대어 퇴락해져 나뭇결이 불거져 나온 배흘림기둥을 절절한 마음으로 쓰다듬는다.

옛 고려적의 서늘한 바람 소리가 손을 타고 뜨겁게 가슴으로 전해져 온다.

말 못 할 목울음이 가슴 깊은 곳에서 북받쳐온다. 이 간절하고 사무치는 그리움! 이 애달픈, 목이 메는 그리움을 어찌 선생께서만 느끼셨으랴!

우리 민족 개개인이 느끼고 간직해야 할 우리들의 자존심이 아닐까.

태백산의 산자락이 봉황의 날개처럼 둘러쳐진 봉황산 산자락 아래 아미타불을 모신 대가람을 세우신 의상대사의 슬기를 어찌 칭송치 않을 수 있으리요.

어찌 감사하지 않을 수 있으리요.

무량수전.

나지막한 석축위에 고요하게 정좌하신 정경부인의 기품과 우아함이 깃들어 있는 건물!

수많은 세월의 강물을 말없이 건너 민족의 긍지와 자존을 한 몸에 담고 서 있는 무량수전의 기품 있는 자태를 순연한 마음으로 바라본다. 마치 무명치마를 입은 듯 편안하고 부드러운 푸근함이 우리를 감싼다. 세상 어느 곳, 어느 시절에 저토록 소박하면서도 꾸밈없고 은근하면서도 고아한 기품을 간직한 우아한 목조 건축물이 존재했었는가.

꼭 가질 것만을 가진 결핍의 지극한 아름다움이다.

앞과 옆으로 거느리신 석탑이며 왼쪽으로는 부석浮石의 바위를 옆에 두시고 정좌한 저 높으신 군자의 기품을 누가 감히 흉내 낼 수 있으랴! 많은 세월의 풍상을 몸소 겪었으면서도 의연하고 고아한 자태를 잃지 않고 계신 저 아름다운 고려적의 여인!

"고난의 깊이는 진리의 깊이로 통하는 유일한 통로"라던 파울 틸리히의 말이 아니어도 그 많은 세월 동안 왜 고난의 세월이 없었으랴!

겹겹 겹쳐진 소백의 줄기에서 불어오는 바람 소리를 안고 그 많은 세월을 견뎌 오셨구나!

"떠 있으리라, 떠 있으리라, 내 너희를 위하여 긴 세월의 물 위를 또 떠 있으리라."

소리 없이 설하시는 위엄이 전각의 추녀끝을 스치고 승천하는 것 같다.

나도 배흘림 기둥의 미려하고 완만한 곡선을 쓰다듬으며 수많은 세월을 건너온 강물 소리를 듣는다. 강물 소리가 나무결을 타고 가슴 깊은 곳에 물이랑을 내며 소리없이 흘러간다.

주불전인 무량수전 바로 앞에 자리한 이층 누각인 안양루.

다포계多包系 팔작지붕인 이 누각은 본전인 무량수전에 비해 화려하고 아름답기 그지없다.

흡사 치마자락을 치켜든 기생의 모습처럼 요염하다.

첩첩 겹쳐진 앞산의 능선들이 수묵화처럼 읍하고 잦아든다.

소백산 산자락의 높고 낮은 지형을 따라 위치한 누각들,

조사당 가는 가파른 길을 오르면서 신동춘 선생님은 선묘 낭자의 설화에 신이 나 있다.

이루지 못한 사랑에 평생을 의상을 흠모하여 의상의 곁을 지켰

던 선묘 낭자, 산천이 수려하고 땅이 신령하여 의상이 이곳에 절을 지으려 하나 산적들이 출몰하여 어려워진다. 그때마다 선묘룡이 나타나 바위를 깨서 떠 있게 하는 도력을 보인다. 이에 혼비백산한 산적들이 물러가고 의상으로 하여금 이곳에 절을 짓게 하는 선묘 낭자! 의상이 난국에 처할 때마다 때로는 용이 되고 때로는 봉황이 되고 끝내는 석룡이 되어 지금도 무량수전에 모신 아미타불의 바로 아래에서 석등 아래로 꼬리를 둔 채 묻혀 있다는 사랑의 화신인 선묘낭자!

그 지극한 사랑이 이 수려한 산자락마다 아름다운 누각을 세웠나 보다.

대승불교의 맨 윗전 가장 중요한 위치의 아미타여래, 이 부처님의 신앙을 중심으로 성립된 정토교. 아미타란 이름은 무량수無量壽, 무량광無量光을 나타내는 산스크리스트어로 아미타유스다.

서방극락정토의 주재자인 아미타불을 모시는 불전이 국보 18호인 무량수전이다.

명산대찰이라 했던가. 1,300년 전 이곳에 절을 창건한 의상의 안목이 어찌 이리도 찬연한 자연과의 합일을 이루어낸 것일까. 참으로 찬탄을 금할 수 없는 아름다움이다.

해 질 녘 조사당을 뒤로하며 내려오는 오솔길, 소설가 박 선생님의 성화로 저녁 공양을 위해 내려오는 길, 붉은 옷자락을 바람에 날리며 선묘낭자가 하강하는 듯 치켜 올라간 안양루 지붕 위로 5월의 노을이 곱다.

(1995년)

말러의 요술 피리

2010년은 작곡가 구스타프 말러(1860~1911)의 탄생 150주년이다. 1999년으로 기억된다. 부천필의 상임 지휘자인 임헌정 씨는 그 한 해를 구스타프 말러의 교향곡 전곡을 연주하는 데 온 열정과 시간을 할애할 것이라고 발표했었다.

당시 그는 몇 안 되는 전도 유망한 젊은 지휘자로 1988년 부천필을 창단하여 오늘의 국내 유수의 오케스트라로 키운 인물이다. 그는 약속대로 그 해 내내 말러의 음악을 연주했다.

그는 그 후 5년에 걸쳐 10개나 되는 말러의 전곡을 연주했던 것으로 기억하고 있다.

질풍노도를 연상케 하는 그의 교향곡 1번 거인에서부터 재색을 겸비하여 그 시절 빈의 뮤즈였던 아내 알마에게 헌정했던 가장 서정적이고 아름답다고 회자되는 교향곡 5번을 비롯하여, 가장 많은 연주자가 동원되어 천인교향곡으로 불리는 장엄한 8번까지 쉽지 않은 연주를 감행한 것이다.

말러의 음악이야말로 스케일이 커서 메니아들만의 전유물인 줄 알았는데 청중은 뜻밖에도 늘 대만원이었다. 위대한 예술은 세기를 넘으면서도 또한 동서양을 막론하여 빛이 날 수 있구나 싶었다. 말러의 작품이 생소하던 1999년, 젊은 마에스트로 임헌정은 그의 교향곡 전곡(10곡)을 국내에 처음 소개했던 것이다.

굵고 짧게 확실한 어조로 표현하는 베토벤의 음악과 달리 늘 많은 연주자가 등장하고 합창단 등 많은 인원이 동원되는 말러의 교향곡은 길고 형식이 복잡해서 일반 관중의 호응을 얻기는 쉽지 않으리라 예상했었다고 임헌정은 술회했다. 극히 섬세한 것으로부터 극히 압도적으로 장엄 장대한 것에 이르기까지 관현악에서의 그 절묘함이 전곡에 나타나는 전형적인 후기 낭만주의적인 색채를 지닌 그의 교향곡들, "교향곡이란 하나의 세계를 이룩하기 위해서 동원할 수 있는 모든 기술적인 수단을 사용한다는 것을 의미한다."고 말러는 말했다. 그의 교향곡에 대한 철학을 엿볼 수 있는 말이다.

베토벤을 우상으로 삼았고 학창시절부터 바그너와 부르크너의 영향을 받은 말러는 궁정음악감독을 비롯 지휘자로서의 명성도 크게 누린다.

곡 해석이 예리하고 치밀했던 말러의 지휘자로서의 권위는 후대의 카라얀이 누렸던 것에 뒤지지 않았다고 한다. 또한 그의 성격 자체가 근본적으로 보수성이 강했기 때문에 그의 음악은 전통적

어법에 바탕을 두고 있다고 볼 수 있다. 그러나 그는 음악의 어투에 남달리 관대한 것 같다.

제자인 아놀드 쉰베르크가 난해한 표현주의 음악을 들고 나오자 그는 젊은 제자를 나무라지 않았다고 한다. 그리고 "그래, 넌 젊으니까." 라는 명언을 남겼다.

그래 젊으니까 변화를 요구할 수 있다. 네 말이 옳다는 대답인 것이다. 결국 그의 제자였던 쉰베르크는 현대음악의 아버지가 되었다. 젊으니까 새로운 것을 추구할 수 있는 자유와 개척자로서의 용기를 인정한 것이리라.

젊고 아름답고 자유분방한 아내 알마를 맞아 그녀의 잦은 남성편력에 결혼생활의 정신적 고충을 겪으면서도 말러는 자기의 음악세계를 넓혀간 것이다.

작곡가이면서 시인이기도 했던 그가 아내의 외도를 어쩌지 못해 프로이드를 찾아가 심리 상담까지도 해야 했던 그는 그런 정신적인 어려움 속에서도 부지런히 연주와 작곡에 열중하여 후기 낭만주의와 근대의 과도기의 작곡가로서 보수와 진보를 아우르는 적절한 절충을 통해 독자적인 음악세계를 구축했던 말러! 그의 이러한 음악세계는 후에 쇼스타코비치, 쇤베르크 등에게 많은 영향을 주었다고 한다.

그의 음악을 듣자면 그의 음악에 대한 천재성이 음절마다 스며있고 그의 지적이고 매력적이던 젊은 아내와의 불협화음, 또 유태인으로 설 자리가 옹색하여 우울하고 자유롭지 못했던 그의 그늘진 생애가 악장마다 스며있는 듯 현란한 음색 속에 검은 기류가 얼핏얼핏 오버랩 된다. 그 시절 유태인이라는 핸디캡을 극복하고 빈 궁정의 음악감독자리를 지켜낼 수 있었던 그의 투철함과 음악 외에 문학까지도 섭렵한 그의 성실함이 오늘의 우리의 사랑을 한몸에 받을 수 있는 이유일 것이다.

음악의 천재 말러가 쇤베르크의 젊음을 인정했듯 젊다는 것은 얼마나 유쾌하고 멋진 말인가. 거리를 활보하는 젊은이들을 보면 모두가 아름답고 멋지다.

홍대 앞을 가면 나이 든 우리를 반겨주는 데는 없다. 며칠 전 창비 카페에서 임보 시인의 문학행사를 마치고 나오며 목이 마른 친구와 아이스크림 집엘 들어가려다 제지를 받았다. 안내하는 어여쁜 학생이 애교 어린 목소리로 만원이라 자리가 없단다. 우리는 정말로 그런 줄로 알고 다시 커피집을 들렀으나 마찬가지였다. 너무 젊은이들 문화를 몰랐던 것이다. 우리는 우리가 무슨 문화인입네 하는 자부심을 갖고 어디든 활보할 수 있는 부류임을 자부하고 있었는데 그 얼치기 자부심이 맹격을 받은 셈이다.

젊은이들에게 보기 좋게 퇴박을 맞은 우리는, 우리가 언제 이렇게 늙었던가. 어이가 없어 둘이 마주보며 웃을 수밖에 달리 방법이 없었다.

우리는 허허 웃으며 합정동 우리가 잘 들렀던 커피숍에 와서야 편히 커피를 마실 수 있었다.

어느새 가을이다. 한여름을 자랑하던 풍성하던 잎들이 삭아져

바삭거리는 엽맥을 드러내고 있다.

아 살아있는 것들의 쓸쓸함! 아 아 생명의 유한함이여!

가을 밤하늘의 둥근달을 바라보며 말러의 요술 피리를 듣고 싶다. 젊음으로 충만한 어린이들을 위해 불어대는 요술 피리가 내 마음을 사로잡고 젊은이의 세계로 나를 데려갔으면 좋겠다.

말러가 택한 음습하고 괴기스런 신화 속의 얘기들이 어린 동심을 겁먹게 하겠지만 휘리릭~ 아름다운 피리 소리가 바람을 일으키며 나를 감싸고 요술의 세계, 환상의 세계로 나를 인도하지 않겠는가.

환상과 꿈이라는 탈출구가 있다는 것은 나이 들어 소외돼가는 우리에게 얼마나 다행한 일인가. 20세기 초 빈의 음악을 뒤흔든 세기의 음악가가 상상으로 만들어낸 요술피리가 아픈 청춘을 치유해주고 나이 든 우리도 새로운 꿈을 향해 질주할 수 있도록 마술을 부릴 것 아닌가.

(2013. 10.)

북을 울려라 저 바다로
– 노량대첩 재현 참여기

열정에 들떠 출렁이던 여름도 가고 초가을 바람이 서늘한 한가한 어느 날 젊은 친구 조 박사한테서 전화가 왔다. 남해군에서 거행하는 이순신 장군 숭모행사에 같이 참석하자는 전갈이다. 서울에서 문인 몇 명과 이순신을 연구하는 학자 몇이서 참석한다는 간단한 내용이다.

조 박사는 내가 좋아하는 젊은 불문학자다. 그들이 파리에서 유학 생활을 할 때 우리 부부와 같이 유럽을 여행한 적이 있었다. 그때 정이 들어 그들 부부와 편지로 내왕도 하고 귀국하면 만나서 회포를 풀기도 하는 흉허물 없는 한 가족 같은 사이다.

내외가 학위를 받고 귀국하여 한국에서 생활을 하는 동안 간간이 만나 식사나 차를 마시기도 했지만 서로가 바삐 살다 보니 같이 여행을 할 수 있는 기회는 전연 없었던 것이다. 마침 시간도 여의하고 젊은 두 내외와 동행하는 것도 좋을 것 같아

앞뒤 없이 승낙을 해 버렸다.

버스는 압구정역에서 정시에 출발했다. 대부분 낯이 설어 어색했지만 리더 격인 J 교수의 구수한 입담으로 금방 분위기는 반전했다. 서로 스스럼없이 대화하는 동안 차는 우리나라 최남단의 남해대교를 넘고 있었다. 남해대교는 동양최대 현수교로 이순신 장군의 전사지인 노량대첩의 현장이기도 하다. 남해의 물빛과 해안선의 아름다움이 숨이 찬다.

바다를 향해 굽어진 가지를 제멋대로 늘어트린 잘난 모습의 소나무들!

해풍에 가지가 휘이면서 많은 세월을 견뎌온 해송들은 그자체가 예술인 듯 출중하다.

임진왜란, 국운이 풍전등화와도 같던 그때도 이곳은 이리 아름다웠을까. 잦은 왜구의 노략질에 시달리던 백성들이 얼마나 이 바다를 바라보며 한숨지었었을까. 애면글면 서민들과 시름을 함께하다 저 소나무들도 몸이 비틀어지고 굽어진 건 아닐까. 단 13척의 배로 500여 척의 왜구를 일거에 물리친 이순신 장군의 백전백승의 해전을 재현한다니 얼마나 흥미롭고 통쾌한 일인가.

나라의 명운이 걸린 큰 싸움이 있을 때마다 절대 절묘한 전법으로 큰 승리를 쟁취하던 전무후무한 우리의 진정한 영웅 이순신 장군! 이곳 특유의 지형과 조류를 이용하여 물목이 좁아진 곳에 적의 함대를 몰아넣고 일격을 가하던 용맹스런 장군의 기지,

만연한 당리당략에 바람 앞의 등불 같았던 나라의 운명을 단신의 몸으로 지켜낸 가슴이 서늘한 그의 존재는 나라와 역사에

책임을 져야 할 위치에 선 자들이 지녀야 할 책임감이나 윤리 같은 사람의 도리를 생각게 한다. 그 시절 숭유사상에만 집착하여 판단력을 경도시킨 문신들의 복잡한 명분론에 대별되는 무인武人의 절도 있는 충정을 생각게 한다, 오직 나라사랑의 일념으로 전심을 다해 나라의 운명을 건지고서도 그에게 씌워지는 억울한 모함의 굴레들, 4백 년이라는 시간이 흐른 지금도 크게 달라진 바 없는 한국 정치와 문화의 혼미한 정체성을 생각게 한다.

노량해전은 1598년(선조 31) 11월 19일 노량 앞바다에서 이순신李舜臣이 이끄는 조선 수군이 일본 수군과 벌린 마지막 해전이다. 이 해전을 마지막으로 7년간 계속되었던 임진왜란은 끝을 맺는다.

임진왜란의 막바지 1598년(선조 31년) 통제사 이순신은 함대를 거느리고 노량해협으로 진격한다. 침략의 원흉 도요토미 히데요시의 죽음을 계기로 철군하려던 적군의 퇴로를 막고 최후의 일격을 가한 통쾌한 승전이었다. 관음포 해역에서 돌아온 300여 척의 왜의 함대는 이 대첩으로 200여 척이 불타거나 부서져 격침되고 수천 명의 사상자를 내며 전멸되다시피 했다. 이 해전에서 이순신은 도망가는 왜군을 추격하던 중 총에 맞아 전사한다. “나의 죽음을 적에게 알리지 말라.” 쫓기는 적의 유탄을 어깨에 맞아 죽어가면서도 나라를 위해 자기의 죽음조차도 숨겼던 위대한 장군! 그때 이순신의 전사소식을 들은 아군의 울음소리가 바다를 덮었다고 한다.

이순신이 장렬한 순국으로 54년의 파란만장한 생을 마감한 노량대첩. 그가 일궈낸 한산도대첩, 명량대첩, 진주대첩과 더불어 3대 대첩으로 일컫는 사상 최대의 해전이다. 이 싸움에서의 완패는 왜의 수륙 병진 정책을 완전히 좌절시키는 계기가 된다.

왜선을 한산도 앞바다로 유인시켜 학익진 전법을 펼치며 왜군을 포위 섬멸시킨 한산도 대첩, 쇠사슬과 울돌목의 물길을 이용한 작전으로 적의 수군은 손도 써보지 못하고 전멸하고 조선수군은 단 한 척의 피해도 없이 대승을 거두었던 명량대첩, 그의 앞에는 언제나 승리의 깃발이 펄럭였다. 그러나 늘 아웃사이더였던 영원한 우리들의 영웅!

부끄런 역사는 되풀이 되어서는 안 된다. 역사에서 교훈을 얻지 못한다면 우리의 미래는 없다. 역사학자는 말한다. 이순신 장군, 장군의 전술이 뛰어나기도 했지만 뛰어난 전술 이전에 그의 위대함은 전쟁사의 기록에 있었다고 한다. 모든 것이 왜군에 비해 턱없이 열세였던 악조건에서 전쟁을 수행하면서도 매일매일 병영일기 ≪난중일기≫를 썼던 가슴 따뜻한 우리의 영웅. 역사의 교훈을 후세에 알리려는 지고하신 장군의 우국충정! 뒤를 돌아봄으로 미래를 열어가는 저 유유한 물길 같은 출구를 찾기 위한 그의 눈물겨운 노력의 일환인 것이다.

우리가 지나간 역사에서 우리의 미래지표를 찾지 못한다면 얼마나 불행한 일인가. 그러나 우리는 그 뼈아픈 임진왜란의 참상을 당하고도 모자라 40년 후 다시 병자호란을 당한다. 다시 300년 후 일제에게 나라를 송두리째 빼앗긴다. 이렇듯 되풀이되는 역사의 악

순환. 이런 치욕의 역사들이 그의 우국을 닮지 못한 사리사욕의 결과가 아니었을까.

이순신의 유해가 잠시 묻혔던 충렬사, 충무공이 전사 후 그의 시신이 잠시 머물렀다는 그의 가묘 앞에 서니 장군의 거룩하신 숨결이 우리를 감싸주시는 듯 아득하다. 관음포 이락사 사당에 '대성운해大星隕海' 큰 별이 바다에 졌다, 라는 현판이 걸려 있다.

우리들 가슴에 지지 않는 큰 별로 남아있는 이순신 장군!

이튿날 바다 위에서 거행된 노량해전의 재현은 참으로 의미있고 신나는 행사였다. 남해군과 남해문인협회가 주관하는 이 행사는 장군의 숭고했던 업적을 기리고 재삼 그를 숭모하려는 취지다.

참석한 인원이 각자의 임무를 부여받고 그 시절 수군의 복장으로 갈아입었다. 이미 함선에는 우리 수군임을 알리는 청색기가 바람에 펄럭이고 적장도 왜군의 복장으로 대전의 준비를 마치고 있었다. 나는 수군의 한 병사로 변신을 하고 배에 올랐다 .이윽고 북이 울리고…….

우리 수군의 배는 천천히 적의 함대를 향해서 나아갔다.

바람에 두둥실 깃발을 휘날리며 우리는 함성을 울렸다. 마치 왜군과 한판접전이라도 붙을 기세다. 둥둥둥 북이 울리고…. 우리 편의 수군은 선수를 치듯 함성을 울리며 물결을 헤치고 넓은 바다 쪽으로 나아갔다. 왜군의 함대도 우리 뒤를 쫓고 있었다. 배는 다시 돌아서 만으로 되돌아왔다. 적의 함대도 되돌아왔다. 이렇게 서로의 주위를 맴돌며 동태를 살피고 나서도 한참을 서로간의 작전을 살피듯 거리를 넓혔다 좁혔다 맴돌다 끝내 화해의 함성으로 막이 내렸다.

장군께서 나라의 명운을 등에 지고 목숨을 바쳐가며 싸운 노량대첩의 의미를 새삼 되새기자는 행사였음에도 가슴이 뛰고 흥분이 되어 적들이 진짜 왜구들인 양 무찌르고 싶은 착각이 드는 건 나만의 소치는 아닌 것 같았다. 모두가 흥분이 고조된 얼굴들이다. 그의 몸과 마음을 다 바친 삿됨 없는 충정을 배우고 익혀 우리도 민족과 나라사랑을 실천해야 하리라.

돌아오는 길, 장군께서 남해를 바라보며 전술을 구상하셨다는 정자에 들렀다.

바다내음과 솔향이 뒤엉킨 바람이 아름드리 노송의 가지를 붙들고, 흔들어 대는 흙길을 15분 정도 오르니 자그마한 정자가 보인다. 장군께서 이 누마루에 올라 남해의 지세와 물의 형세를 살피셨다고 한다. 턱없는 열세로 막강한 왜군을 물리쳐야 하는 장군의 어깨는 얼마나 무거웠으랴! 백척간두의 나라를 지키기 위해 이 높은 곳에서 바다를 내려다보며 내일의 접전에 대비할 전술을 구상하셨겠지. 나라사랑은 물론 부하들을 지극히도 사랑하셨던 장군의 따뜻한 인간미, 군인으로서도 넘치게 투철했던 장군의 큰 뜻이 새삼 그리워진다.

갈맷빛 남해가 떠나는 우리에게 흰 손을 흔든다.

봄날은 간다

연분홍 치마가 봄바람에 휘날리더라
오늘도 옷고름 씹어가며 산제비 넘나드는 성황당 길에
꽃이 피면 같이 웃고 꽃이 지면 같이 울던
알뜰한 그 맹세에 봄날은 간다

– 봄날은 간다 1절

수년 전 한국 여기자 클럽에서 80세가 넘도록 현역에서 뛴 최장수 백악관 출입 여기자 헬렌 토머스의 자서전 ≪백악관의 맨 앞줄에 서서≫를 공동 번역한 일이 있었다. 프레스 센터에서 그 출판기념회가 열렸다.

여기자라는 매혹적인 모임의 출판기념회여서인지 보기 힘든 정계나 재계의 거두들이 대거 참석한 파티였다. 내로라하는 인사들의 축하의 말이 끝나고 답례로 젊은 여기자들의 노래공연이 있다고 사회자가 멘트했다. 언론을 리드하는 지성과 젊음과 예지를 두루 갖춘 민완여기자들의 노래가 얼마나 멋질까 참석자들은 설렜다. 과연 젊은 여기자 몇몇이 핑크색 꾸냥옷을 입고 나와 두 손을 앞에 얌전히 모은 채 입을 모아 부른 노래! 다름 아닌 <봄날은 간다>였다.

정말 연분홍치마가 봄바람에 날리는 연분홍빛 분위기였다

얼마나 멋진 아리아가 나올까, 얼마나 멋진 샹송이 나올까, 적이 기대했던 손님들은 그들의 애교 있는 선곡과 간드러진 노래에 함박웃음과 아낌없는 박수를 보냈다. 과연 여기자들이구나! 나는 그들의 애교스럽고 재치있는 선곡이 껴안아주고 싶도록 어여뻤다. 만일 그 상황에서 외국곡이 나왔더라면 저것들이 여기서도 잘난 척한다고 비웃음이 분명할 터였다.

문인들의 애창곡 중에 가장 많이 불려지는 노래가 이 구성진 가락의 <봄날은 간다>라고 한다. 곡도 가사도 신파조의 이 노래가 지식인임을 자처하는 문인들이 가장 선호하는 노래라니 또한 참으로 뜻밖이다.

봄날의 노곤함에 섞여 아련하고 구성지게 넘어가는 이 노래가 연륜이나 계층의 차이에 상관없이 사람들의 가슴에서 시도 때도 없이 불려지는 것은 무슨 연유일까. 에둘러 표현하지 않고 직설적으로 쏟아낸 가사가 주는 애잔함이, 곡조의 애절함이, 한과 수난의 기다림 혹은 그리움으로만 풍요로웠던 우리정서에 가장 부합되기 때문일까.

새색시가 입은 연분홍 치마가 주는 진달래빛 같은 서러움,

가는 봄을 아쉬워하며 가는 젊음을 서러워하며 넘던 고개마루 성황당! 고개를 넘어 오가는 발길들이 던져놓은 소원의 돌멩이가 쌓이고 쌓여 봉분을 이룬 돌무더기 위에 펄럭이던 붉고 푸른 깃발들! 그리움도 고달픔도 내색하지 못하고 인생의 고빗길을 넘는 성황당엔 소원을 비는 붉고 푸른 깃발들만 무성히 바람에 날리고 있었으리라.

나의 유년, 아버지의 손을 잡고 산고개를 넘어 처음 학교에 입학하던 날, 고개 마루 성황당엔 고은 빛깔의 무새 헝겊들이 찢겨질듯 바람에 펄럭이고 있었다. 아버지는 잡았던 내 손을 놓고 돌 하나를 주워 돌무덤 맨 꼭대기에 올려놓으셨다

"너 건강하고 공부 잘하라고 비는 거여!" 아버지는 빙그레 웃으셨다. 아버지가 그렇게 하셨듯, 봄바람이 앞장을 서는 그 고갯길을 오가며 어리던 나는 언제나 소원의 돌 하나를 그곳에 던져두었었다. 어린 내게 특별히 무슨 소원은 없었겠지만 아버지가 나를 위해 그러셨듯 오빠들이 언니들이 그렇게 돌을 놓으니 나도 그렇게 작은 돌 하나를 던져 성황당의 높이를 더해갔다. 지금도 그때의 그 성황당의 스산하던 풍경이 물무늬로 남아 내 기억의 둥지를 떠나지 않는다.

꽃 피는 봄날 성황당에 소원을 빌며 손잡고 나눈 맹서가 헛되고 헛된 맹세였음을 슬퍼하며 가는 봄을 보내야 하는 서로의 가슴, 산제비처럼 훨훨 날라서 꽃피는 마을로 떠나가고 싶던 아쉬운 가슴들, 꽃을 보며 같이 울고 같이 웃던 사랑하는 연인과의 맹세가 헛되고 헛되어 망연한 가슴들이 꽃잎으로 낙화하

며 탄식으로 부르는 노래, 봄날은 간다.

노래처럼 하염없이 하염없이 봄날은 가고 있지 않은가. 봄이 준 상처! 그 찬란한 계절에 동승하지 못한 빈 가슴들이 성황당 삭은 나뭇가지 위에 매달린 색색의 헝겊들처럼 바람에 펄럭였으리라.

얼굴을 붉히며 감추었던 부끄런 속내를 내보였건만 야속하게 떠나간 사람은 돌아오지 않고, 오지 못하는 사람을 속절없이 기다리는 젊은 연인들의 애끓는 가슴, 어느 서양시인의 싯구처럼 봄은 그렇게 잔인한 계절이었을 것이다.

우리 모두의 가슴에도 여린 사랑의 상처들이 봄날이면 아지랑이처럼 치받쳐 올라와서 바람에 펄럭이며 우리들을 한없는 신파의 나락으로 이끌고 있음이리라. 그 시절 고난의 삶을 살던 사람들에게 어이 눈물이 없었으랴! 눈물을 보이지 않으려 옷고름을 입에 물고 입술을 깨물며 말없이 넘던 고갯길, 그 추억의 고갯길에 앞서가던 봄바람, 연분홍빛 비단 치마를 날리던 바람들은 지금은 어디서 어떤 모습으로 살고 있을까. 어디서 그 수줍은 그 애처로운 연인들을 다시 만날 수 있을까.

나는 봄이면 석가탄일에 맞춰 문단의 원로이신 L 선생님을 따라 백담사에 가곤 한다. 기독교도인 내가 초파일날 절에 가는 것을 남들은 눈살을 찌푸리겠지만 나는 내 유년 어머니를 따라 절에 가던 그리운 추억을 되새기며 절에 가기를 마다하지 않는다.

멀리서 부처님을 바라보며 남루해진 부끄런 내 속내를 말없이 털어 놓는다.

부처님은 아마도 내 못난 속내를 이미 읽고 계셨으리라.

선생님의 차에는 으레 몇몇의 문인이 동승하고 그 한편에 나도 끼어 앉아 가는 편이지만 L 선생님의 해박하고 위트 섞인 강론에 우리는 번번이 숨을 숙이며 혀를 내두른다.

동서양을 망라하여 역사와 문화를 넘나드는 해박하신 강론에 우리는 숨을 죽인다. 그렇게 선생님의 윤기 있는 입담이 끝이 나면 선생님은 우리 중 누군가에게 라이브 공연을 요청하신다. "노래 한 번 불러봐! 어이 누구할 거야?" 좌중은 조용해지고 나 역시 꿀 먹은 벙어리가 된다. 그러나 선생님의 성화에 누군가는 노래를 불러야 한다.

좋은 차車에 좋은 사운드 시스템을 갖추고 있으니 멋진 음악이 준비되어 있으련만 굳이 음치들의 라이브를 들으려는 선생님의 고약하신 심사를 우리들은 알 리 없다. 그러다가 결국 서로 동화되어 합창을 하게 되고 그때마다 단골 레파토리가 <봄날은 간다>이다.

너나없이 하나같이 음치인 우리들의 합창이 아름다울 리 없다.

그러나 선생님은 이 노래를 듣기를 좋아하셔서 우리들은 이절 삼절까지 부르고 또 부르곤 한다. L 선생님은 이 노래의 가사 속에 우리 인생 여정의 애환이 다 들어있다고 평하셨다.

알뜰하게 사랑하지 못했고 알뜰하게 사랑받지 못한 안쓰런 가슴들이 가슴으로 부르는 노래, 봄날은 간다. 그래 그렇게 하릴없이 봄을 보내야 하는 인생, 젊은 날의 속절없음을, 사랑의 속절없음을 공감하게 되기 때문인가 보다.

그렇게 하염없고 속절없는 이 노래의 가사의 내용과 멜로

디가 주는 애달픔, 에둘러 표현하지 않고 직설적으로 풀어낸 그렇게 우리 정서에 딱 들어맞는 이곡이 주는 아련함이 세기를 넘어서도 끊임없이 회자되는 장수를 누리게 되는가 보다.

일찍이 향가에도 사랑의 애틋한 한을 노래한 <찬기파랑가>나 민속적 요소를 띤 <처용가>, 덩실 떠오른 둥근달을 쳐다보며 저자 거리에 나간 낭군의 안위를 염려하는 애틋한 여심을 노래한 <정읍사井邑詞> 등이 있지만 그중에도 지금도 회자되는 노래 고려속요 <가시리>, 사무치는 별리의 정한을 노래한 <가시리>의 그 애틋한 정한과 무엇이 다르랴! “가시리 가시리 잇고 나난, 바리고 가시리 잇고…….” 수세기를 넘은 그제나 수세기를 건너온 이제나 사람 사는 곳에는 늘 애끓는 사랑과 정한의 감정들이 하늘의 별빛처럼 살아 숨쉬기 마련인가 보다.

나는 장사익의 노래를 사랑한다. 그는 타고난 소리꾼이다. 어떤 노래든 그의 가슴을 통과하면 한이 되고 슬픔이 된다.

그의 단아한 용모가 그렇지만 그가 질러대는 소리들이 우리들의 한을 어루만져주고 있기 때문이리라. 유행가라고 저속하다고 치부했던 곡들이 그가 부르면 어느새 모습을 달리한다. 맛깔스런 우리가락으로 새로이 탄생되는 것이다. 그가 부르는 열아홉 순정은 더욱 매혹적이다. 맛깔스럽기가 잘 익은 고추장처럼 맵싸하다. 찔레꽃도 좋지만 나는, <열아홉 순정>을 처음 들으면서 어? 한국에 저런 가수가 있었던가? 내 귀를 의심하던 그와의 만남.

그가 넉넉한 흰 무명 두루마기 차림으로 부르는 구성진 가락의 '봄날은 간다'에 이봄 내 시름을 얹어 저 먼곳 꽃 지는 마을에 떠나보내리라.

(2012. 05)